U0508483

数字普惠金融
促进乡村产业振兴的研究

孙文博　孙　硕　王　东◎著

吉林出版集团股份有限公司

图书在版编目（CIP）数据

数字普惠金融促进乡村产业振兴的研究 / 孙文博,
孙硕, 王东著. -- 长春 : 吉林出版集团股份有限公司, 2022.10
ISBN 978-7-5731-2361-9

Ⅰ.①数… Ⅱ.①孙… ②孙… ③王… Ⅲ.①农业金
融 – 作用 – 乡村 – 农业产业 – 产业发展 – 研究 – 中国
Ⅳ.①F323

中国版本图书馆CIP数据核字（2022）第186619号

数字普惠金融促进乡村产业振兴的研究

SHUZI PUHUI JINRONG CUJIN XIANGCUN CHANYE ZHENXING DE YANJIU

著　　者	孙文博　孙　硕　王　东
出 版 人	吴　强
责任编辑	孙　璐
装帧设计	清　风
开　　本	710mm×1000mm　1/16
印　　张	6.75
字　　数	100千字
版　　次	2022年10月第1版
印　　次	2022年10月第1次印刷
出　　版	吉林出版集团股份有限公司
发　　行	吉林音像出版社有限责任公司
	（吉林省长春市南关区福祉大路5788号）
电　　话	0431-81629667
印　　刷	三河市嵩川印刷有限公司

ISBN 978-7-5731-2361-9　　　　定　价　56.00元

如发现印装质量问题，影响阅读，请与出版社联系调换。

目　　录

第一章　相关理论

第一节　相关概念界定

一、产业的含义

第一，产业是社会分工的现象和结果。人类社会早期，为了满足生存，主要的生产活动是打猎和采集野果，这个时期没有其他生产活动，所以尚未出现产业。随着生产工具的不断改革，人类获得食物的数量越来越多，除了满足自身需求之外，开始饲养多余的猎物，种植额外的野果。这一阶段，人类社会发生重大转折，开始出现了早期分工的萌芽。通过人类社会三次分工的大调整，人类社会最为重要的产业部门——农业、手工业和商业——三大产业的基本格局得以形成。

第二，产业是具有相同性质企业经济活动的集合体。产业是指一系列有共同特征的企业活动，它是一个集合体，包含多个相同性质的元素。产业通常由一系列经济活动联合组成，从事多产业经营者的存在也表明，某企业也能做多种产业的经济活动。因此，对一个产业的界定需要对其核心内容进行考量。我们通常把依赖自然界进行的种植、栽培、养殖等活动获取产品统称为农业，而农业（包括直接从自然界获得产品的采集业）所具有的共同特性就是其生产产品对作物或者产品自然属性的依赖。

第三，产业的内涵会随不同历史时期有所演变。在资本主义社会之前，手工业对于农业生产有很强的依附性，其他产业也是如此，所以那个时期所说的产业基本都是指代农业。在工业大生产之后，资本主义生产方式扩展，现代工业发展迅速，这时候的产业通常指工业。而当历史的指针指向19世纪80年代之后，伴随现代金融业等现代科技服务业的兴起，产业的含义也在不断拓展。现在，产业获得的范畴已经拓展至投入、产出的所有生产部门，产业的概念自然也非常丰富。

综合以上分析，产业形成源于社会分工。人类历史三次大规模的分工，分别形成了农业、商业、手工业等产业。产业是相同性质企业经济活动的集合体，在不同的历史时期，其内涵也不尽相同。

二、农村一二三产业融合的含义和本质

农村一二三产业融合可以从广义和狭义两个角度进行阐述。从狭义层面来说，指的是作为同一主体的农民，既从事农林牧渔业的生产，也从事该农业产品的加工流通乃至休闲旅游业，进而分享更多农业的增值收益。从广义层面来讲，农村一二三产业融合指的是从事农业生产的不再是单个人，而是由农民组成的各类经营主体（这里的主体指的是具有时代特征的新型经营主体），以农林牧渔业等第一产业为中心，以推动农产品深加工为抓手，以完善现代仓储物流、产业服务业为保障，以技术和制度创新为纽带，将资源跨界重新分配，使同一区域内不仅有农产品种植、养殖业，还包括食品加工业以及服务业等。

农村一二三产业融合的核心要素是农业的产业基础，关键是借助新技术充分挖掘农业的附加功能和价值，将本来应该归属于工商业或者城市的附加值内化在农村，即把对农产品加工流通、休闲消费的收益留在农村，为农业赋能、使农民增收。农村一二三产业融合，农业是基础，首先应该是农业系统内部的融合，即以第一产业为基础，拓展农产品深加工渠道和产业服务业，为农村农业赋能；其次则是农业与非农业的融合，即实现农业、工业、服务业的整体融合。农村一二三产业融合的总体目标是为了发展农业，振兴农村产业，实现农业在多功能、多链条、多空间上的发展，增加农民收入。最终目标则是实现乡村产业振兴。农村一二三产业融合建设的重点是做强农业，它不是三个产业各自发展，而是至少有两个产业交叉，第一产业为基础，第二产业为关键，第三产业是保障，因此，农业毫

无疑问在一二三产业融合的过程中作用重大。

农村一二三产业融合与产业融合从本质上来看具有相似性，但是农村一二三产业融合的内容和功效更加复杂，农村一二三产业融合除了考虑经济功能，还需要考虑农村的生态效应以及一二三产业融合带来的社会功能。从经济发展的一般规律来看，以农业为基础衍生的附加值很小，更多的增值是发生在二三产业。因此，我国推行农村一二三产业融合发展，一方面是为了解放我国农村目前的生产力，使新技术、新业态引领农业发展；另一方面，在巩固农村发展农业的同时，在农村发展加工业和旅游业，使资源由城市转移到农村，实现城乡产业协同发展，扩大农村的产业范围，从而在一定程度上缩小城乡发展的不平衡，实现城乡融合发展。推进农村一二三产业融合，在当前乡村建设和乡村振兴的大背景下具有极其重要的价值与意义，主要体现在以下几个方面：

第一，有利于巩固现阶段的脱贫成果，实现乡村振兴的宏伟目标。实施精准脱贫以来，我国农村地区的整体经济水平有所提升，农村产业发展初见成效。推进农村一二三产业融合，有利于巩固现阶段脱贫成果。要实现农村长期稳定脱贫，最终还是要依靠农村产业的发展，但是农村产业的发展是一个严重依赖社会生态的事业，需要三个产业的有效互动和互相支持。通过政府的引导和支持，推动二三产业向农村地区集聚，使技术、人力、资本等要素在城乡之间自由流动，为农村带来新的发展机遇，突破时空限制，为农村的发展开辟一条新道路。

第二，有利于增加农民收入，为农村和农业发展赋能。随着生产力的发展，农产品的亩产量逐年增加，然而，种植成本的增加速度远超过农产品收购价格的增加速度，单靠种植业和养殖业的发展，农民得到的利润十分有限。但是，如果把农业和二三产业进行融合，农业产业链和产业上下游的拓展不仅能够增加农产品的附加值，还能增加就业。农民不仅可以参与种植业、养殖业，而且可以就近参与农产品加工业，实现收入来源多元化，从而实现收入的增加。

第三，有利于改善乡村生态环境，构建现代乡村产业体系。乡村振兴战略其中一个重要目标就是农业能够可持续发展。通过推进农村一二三产业融合，将新生产技术、新发展理念渗透到农村中去，在新思路的引领下，建立现代农业产业园，发展休闲农业、绿色农业，不仅能够促进现代农业产业体系的形成，还可以促进农业可持续发展。

推进农村一二三产业融合有利于城乡融合体制机制的构建，而后者顺利构建也能推动前者的发展，二者互相推动。城乡融合内涵丰富，其中就包含城乡产业融合，而农村一二三产业融合正是城乡产业融合的范畴。具体来说，第二、第三产业发展主要在城市聚集，在农村地区发展得甚少，借助城乡融合的趋势，推进第二、第三产业向农村转移，既可以缓解城市发展的压力，也可以为农村带来新的发展机遇。所以，城乡融合的推进可以推动农村一二三产业融合发展，而农村一二三产业融合发展也有助于城乡融合体制机制的完善。农村一二三产业融合发展需要多方参与，农户、村集体、政府、企业、社会资本家等，这些不同主体相互交流合作，本身就是城市与乡村融合的体现；农村一二三产业融合程度越高，资源的自由流动性就越强，城乡融合发展之间的阻碍就越少。因此，推进农村一二三产业融合能够在一定程度上加速城乡融合发展的趋势。

三、产业结构相关概念

产业结构是指国民经济运行中，各种要素资源在产业之间的分配以及作为其结果的各产业产值的比重构成。一方面强调要素的投入，另一方面强调产出的比重。

产业结构调整是一个动态调整的过程，包括产业结构合理化和高级化两个方面的变化。合理化是指各产业间相互协调，能够适应市场需求变化，使产业之间的数量比例关系、经济技术联系和相互作用关系趋向于协调平衡的过程。高级化是指产业结构由低级形式向高级形式转化的过程，包括主导产业由第一产业向第二、第三产业转移，由劳动密集型产业向资本密集型产业和技术密集型产业转移。

四、普惠金融的概念界定

"普惠金融"概念在2005年被正式提出，根据其英文简称Inclusive Financial System，可以翻译成"普惠金融体系"。狭义上，只有低收入等弱势群体才是普惠金融所覆盖的客户群体，并以在他们承受范围之内的成本向其提供所需的金融服务；广义上，普惠金融提供的服务并不仅仅针对低收入等弱势群体，而是将社会所有群体都包含在其服务范围之内。因此，本文将普惠金融定义为：根据社会各群体能够承担的费用进行定价，向社会所有群体提供所需的金融产品和服务，使城乡收入向均衡化方向发展，实现全体人民共同富裕。

五、数字金融的概念界定

随着互联网技术的发展，互联网科技进入金融业，二者有效结合，数字金融应运而生。从从业人员视角来说，伴随着数字科技的广泛应用，会将一系列设备与网上支付系统相连，从业人员可以使用这些数字设备向消费者提供金融产品或服务，即为数字金融。21世纪，互联网高速发展，全球经济发展也因互联网的普及而发生了较大的变化，其中变化最大的是以互联网技术为基础的数字经济。本文将数字金融定义为：数字科技企业与传统金融机构进行合作，运用数字技术为消费者提供投融资等金融服务的一切活动。

六、数字普惠金融的概念界定

以发展普惠金融为目的的一切数字金融活动均为数字普惠金融，主要包括通过智能手机、电脑等数字设备进行交易，如支付、转账、贷款、购买保险或证券等理财产品。对于缺乏获得正规金融服务渠道的社会群体，在评估他们能够接受的成本范围后，数字普惠金融通过数字科技创造渠道向他们提供服务，以负责的态度来满足他们对于正规金融服务的需求，这也属于数字普惠金融的范畴。根据分析，本文认为数字普惠金融是指一切旨在发展普惠金融的数字金融服务活动。

数字普惠金融目前的定义比较宽泛，一切通过使用数字金融服务以促进普惠金融的行动，都可以认定属于数字普惠金融的范畴。具体含义主要包括三个方面：一是手段上强调利用现代化的数字技术，高效、便捷地促进普惠金融发展。二是对于金融服务供给方而言，其提供产品和服务时要求成本可负担，不能只为"普惠"而忽略成本，强调可持续发展。三是对于金融服务需求者而言，获得金融服务的门槛降低，可获得性增加。

第二节　相关理论梳理

一、分工与协作理论

分工与协作理论是马克思在分析剩余价值时提出的。首先，对于协作的论述。许多人在同一生产中，或在不同的但相互联系的过程中，有计划地协同劳动，这种形式叫作协作。协作源自生产力发展。其次，关于协作与分工的关系。协作的出现促进了分工的产生。马克思对协作怎么促进分工进行了详细的说明，即不同类型的手工业者，被同一个资本家雇用在同一家工厂进行劳动，这种方式就可以理解为简单协作形式。随着生产力的进一步扩大，需要大量的商品时，简单的协作形式已经无法满足生产的需求，这个时候分工就出现了。以分工为基础的协作在工场手工业时期得到迅速发展。

马克思对工场手工业的分工和协作进行了系统研究和阐释，他认为协作在工场手工业的生产和后续的生产中都起到了重大作用。这种协作科学化与普及化，为资本主义大工业效率的提高提供了坚实的基础。在总结工场手工业特点时，他认为工场手工业在生产中引入并发展了分工，并将分工的手工业结合在一起。这里其实已经出现了产业融合的萌芽。协作的出现促进了分工的产生，而以分工为基础的协作在工场手工业上取得了典型的发展形态，工场手工业的发展又促进了协作即融合萌芽的出现。不同结合的工场手工业成了一个总工场手工业在空间上多少分离的部门，同时，它们互相又是各有分工、互不依赖的生产过程。这种简单的分工与再协作虽然促进了生产效率的提升，降低了资本，但并不能在自己的基础上达到真正的技术统一，只有在工场手工业生产转化为机器大生产时代，分工与再协作才能进一步发展。这里马克思已经预料到在机器生产时代，产业间会出现融合的趋势。

通过对马克思分工与协作理论的分析，可以看出融合是在分工的基础上形成的，是对分工的否定之否定，分工发展到一定程度则会促进融合的出现，即分工与再协作（融合），再协作的出现伴随着生产力的进一步发展。因此，生产力的发展促使农业与其他产业逐步剥离，形成了第一产业、第二产业和第三产业，而现在再协作（融合）形式的出现也是生产力发展的结果。从分工与协作理论的视角来看，随着劳动生产率的提高，社会生产间的分工将会出现再协作即融合趋势，并且融合会在机器生产时代实现。在此基础上，推进农村一二三产业融合的出现正是马克思协作—分工—再协作的体现。

二、农业多功能性理论

农业多功能性是指农业具有社会、政治、经济、文化与生态等功能。农业多功能性不但指农业具有经济功能，即满足以农业为生的农民的生存问题，而且还包括政治功能，即农业的稳定对一个国家的稳定至关重要；社会功能，即农业作为社会系统中的组成部分，与工业、服务业一样可以促进社会的发展；文化功能，即农业可以作为文化的载体，可以传承农业文明；生态功能，即农业保护生态平衡的功能。现代农业发展具有多重功能，农业与其他产业融合是农业实现多功能化的客观需要。农村一二三产业融合正是农业多功能性的体现，如发展循环农业、培育农业文化、休闲农业等。

三、产业链与农业产业链理论

1. 产业链

产业链的形象化理解，就是产业关联的产业，是产业的链条。依照亚当·斯密的观点，产业链是生产单位为获得原材料和零部件而进行的外部采购行为，通过生产和销售，又能够把产品输送给零售商和用户的过程，其过程环环相扣，犹如链条。在亚当·斯密之后，马夏尔又发展了产业链理论，他敏锐地发现，随着生产力的发展，产业链从企业内部转变成了企业间的分工，成了新形势的社会分工。现代意义上产业链的概念界定通常是产业经济学的研究范畴，产业链在结构上是由供销商、制造商、经销商和消费者一起形成的一个产业共同体，以及由物流、商流和信息流构成的综合系统。产业链是以链的形式存在并被人们熟知，并且前后关联具有很强的伸缩性。各个产业间的关联性越强，产业链越紧密，资源配置越高效。产业链的长度意味着资源的加工程度，产业链越长，则对资源的加工越深入，产业链的本质是"1+1>2"的价值增值效应。

2. 农业产业链

对于农业产业链的含义，目前学界尚未进行统一界定。综合国内外学者们的研究，本研究探讨的农业产业链是指在产业链范畴基础之上，结合"三农"特性而形成的研究范畴，其将农业当作链条中心要素，以它为原点，向前向后衍生出来的更多与农业相关的生产活动，如农业种植、农业服务业等。农业产业链是产业链理论在农业的具体应用。其推动农业发展意义重大，首先体现在它以市场为导向，能推动农业走向市场化、规范化和商品化。农业产业链以链条形式将原料端、生产端、流通端、监管端串联在一起，保证农产品质量；其次体现在农产品以农业产业链的形式进行生产销售，能够有效减少交易费用，减少流通环节，资本能够在短时间内多次循环，从而有利于扩大再生产。

四、交易成本理论

1973年，科斯首次提出交易成本理论，引起学术界的关注。他认为，在人们从事经济活动时，因为资源稀缺性和技术有限性的限制，经济活动会产生交易费用。随后，该理论引起关注并被进一步拓展，应用范围也从市场内的交易拓展到行业交易和一般性交易。就其本质而言，产业融合是企业交易成本的内化，不同产业进行融合，最初只是为了降低交易费用，农村一二三产业融合也不例外，但是产业融合带来的好处还仅仅限于经济成本。农村一二三产业融合通过技术与制度创新，达到交易成本内部化，有效地降低了各环节的费用，催生更多产业链的拓展。农村一二三产业融合一方面可以借助互联网等信息技术缩短农产品生产与消费之间的交易距离，依托技术的进步和服务的创新，改变农产品的销售方式，能够有效地缓解小生产与大市场之间的矛盾，全方位地搜集市场需求信息，实现农产品供给与需求的一体化发展；另一方面，跨产业而形成的经济组织能够有效降低交易费用，发挥生产要素的聚集效应。在农村一二三产业融合过程中，不同产业的企业利用战略联盟、兼并收购等组织创新，通过农业与文旅、创意等产业的横向融合以及产加销、服务等环节的纵向融合，节约交易费用。

综合以上分析，农村一二三产业融合所表现出来的特点与上述四种理论紧密相关。首先，推动融合正是在分工的基础上进行的。通过对马克思分工与协作理论的分析，可以总结出生产力的发展促进了分工的出现，在高度分工的基础上，出现了产业间的融合。早期，生产力的发展导致农业和其他产业的分离，伴随着生产力的进一步发展，在高度分工的基础上又促进农业与其他产业走向融合。其次，农村一二三产业融合发展实际上是对农业产业链的延伸。再次，农村一二三产业融合发展拓展了农业多功能性理论。后者强调农业具有经济、政治、文化等多重功能，开发和利用农业多功能性有利于促进农村一二三产业融合。随着农业功能的拓展，挖掘农业多重功能，为农村一二三产业融合提供了新的空间。最后，农村一二三产业融合也是为了使企业内部的交易成本实现最小化。如果三个产业各自独立发展，那么不同产业之间的市场交易存在极大的不确定性，而推进农村一二三产业融合发展，模糊不同产业间的边界，能够有效降低市场不稳定性带来的交易风险。

五、金融发展理论

金融发展理论诞生于20世纪60年代末，主要研究金融发展与经济增长的关系。在此之前，对于推动经济发展因素的研究，主要集中于资本、劳动力等，而金融发展理论的出现，将金融因素考虑到经济发展分析的体系中，自此，金融对于经济发展的影响研究成为经济学界的热点研究方向，逐步形成了金融结构理论、金融深化理论以及金融功能发展理论等代表性理论。其中，金融结构理论在1969年提出。金融结构包括一国的金融工具和金融机构，不同国家的金融结构发展速度不同、起点不同，但发展趋势具有一致性，因此，发达国家能为发展中国家的金融结构发展提供借鉴。金融功能发展理论于20世纪90年代提出，以金融的基本功能作为出发点，构建了衡量金融功能的指标，探讨了金融功能对经济增长的影响。

普惠金融和数字普惠金融的出现，丰富了金融工具和种类，改变了传统金融结构；打破了传统金融的限制，是金融的进一步深化；延续了金融的基本功能，并利用现代化手段，更加有效地发挥金融功能的作用。由此可见，数字普惠金融是金融发展的阶段性表现。

六、金融排斥理论

金融排斥理论认为，在经济社会中，有一部分群体由于各种原因被排斥在金融服务体系外，无法获得或较少获得的金融服务，对这部分人群的生产生活造成不利影响。产生金融排斥的原因，从金融需求者角度来讲，部分需求者可能由于缺乏相应的抵押物、资产较少、缺乏信用记录等，无法获得金融服务；从金融供给者角度来讲，向这部分弱势群体提供金融服务的风险较大，规模较小，利润较低，金融机构为这部分人群提供金融服务的动力不足。而普惠金融和数字普惠金融由于其自身的特性，在一定程度上缓解了金融排斥问题。

七、包容性金融理论

包容性增长理论强调关注社会公平问题，更加关注个体的生存与发展，认为所有群体，尤其是边缘群体的经济需求应得到满足，平等地享受经济发展带来的益处。普惠金融和数字普惠金融也称"包容性金融"，强调的是让所有阶层、所有群体都能获得有效的金融服务，是满足边缘群体经济需要的重要手段，是包容性增长理论发展的动力之一。

八、产业结构相关理论

1. 克拉克——配第定律

英国古典政治经济学家威廉·配第将产业分为农业、工业和商业三类。通过对当时英国、法国、荷兰的经济发展状况做对比，发现在生产收入方面，农业收入最低，其次是工业，最后是商业。因此，生产要素会从农业逐步流到工业和商业。由于当时对于产业结构的研究处于初级阶段，许多论述尚属模糊，因此在配第研究的基础上，英国经济学家科林·克拉克对产业结构进行了进一步的探索和研究，将产业结构调整的演进分为三个阶段，分别以农业、工业、商业为主导，并且伴随着三次产业的发展变化，劳动力也会从农业向工业及商业进行转移。

2. 库兹涅茨定律

库兹涅茨定律是由美国经济学家库兹涅茨在1941提出的，该定律主要阐述了国民收入、劳动力与产业结构变动三者之间的关系，认为在经济发展水平较低时，农业部门的国民收入和劳动力占比较高；当经济发展水平较高时，国民收入和劳动力由农业部门逐渐向工业部门和服务业部门转移。

3. 刘易斯"二元经济结构理论"

1954年，发展经济学家刘易斯提出"二元经济结构理论"。他认为，发展中国家的经济具有"二元结构"的特点，具体表现为传统农业与现代工业融合发展。根据发展中国家的实际情况可知，传统农业存在劳动力过剩，边际产出下降，甚至出现边际产出为负的现象。与此同时，现代工业主要布局在城市地区，边际产出较高，工人的收入水平可观，再加上市场经济调控，引导剩余劳动力向城市的现代工业转移，一方面使得原先从事于传统农业的劳动人口实现脱贫，另一方面促使现代工业规模扩大，推动产业转型。另外，工业的发展离不开资金的支持，因此，发达的金融市场是实现产业转型的内在动力。

4. 罗斯托主导产业论

经济学家罗斯托分别于1960年、1971年两次提出了主导产业扩散论和经济成长阶段论，将世界经济发展史划分为六个阶段，每个阶段都会存在具有高增长性、高创新性以及高获利性的主导产业，随着主导产业的不断成长和扩张，能够对其他产业形成扩散作用，进而推动经济不断增长。

5. 里昂惕夫的产业结构投入产出表

1941年，美国经济学家里昂惕夫首次提出投入产出理论，并不断完善，建立投入产出分析结构，为研究经济各部门，尤其是产业变动的相互影响提供了一套系统的、理论的方法。里昂惕夫在分析国际化生产和分工时，认为一个国家在开展对外贸易时，为实现生产的最优状态，对本国资源享赋富裕的产品应大量出口，相反，本国资源相对缺乏的产品应向其他国家进口，这样一来，对外贸易在一定程度上也会影响一国产业结构的调整变动。

九、数字普惠金融发展与产业结构调整理论

根据现有研究表明，产业结构的调整变动总体上受到自然资源、劳动力、资本、技术、需求、政策以及国际因素的影响，而数字普惠金融是当前金融发展的重要形式，金融体系对产业结构调整的因素具有直接或间接影响。结合传统金融对于产业结构的影响，融入数字普惠金融发展的特

点，进而提出数字普惠金融发展可能影响产业结构调整的作用路径。

1. 数字普惠金融的特点

（1）覆盖范围广。数字普惠金融基于互联网的使用，打破了传统金融机构网点的地理限制，尤其在偏远地区以及金融机构网点较少的地区，只要有互联网覆盖，就非常有可能享受到数字普惠金融提供的服务，大大提高了金融服务覆盖广度。

（2）渗透性强。数字普惠金融丰富了金融产品的种类，投资、理财、信贷、保险等新产品不断出现，金融服务需求者可以根据自身需求，从移动终端设备进行相应产品的使用，金融服务渗透到每家每户。

（3）准入门槛低。传统金融出于收益与风险的考虑，服务的多为信用记录良好、有抵押品的客户，而收入低、无信用记录、无抵押品的群体往往被排除在外。这部分群体因无法从正规金融机构获得金融服务，则会通过非正规金融机构来满足金融需求，并因此付出更高的利息。数字普惠金融的出现，能够以更低的成本集聚大量的社会闲散资金，并且能够利用现代技术对资金需求者进行评估，将资金以更实惠的价格流向需求方，降低了服务对象的门槛，提高了金融服务的可获得性。

（4）服务成本低。传统金融机构为了开展业务，需要建立营业网点，购置设备、雇用人工；同时，在开展业务的过程中，需要大量的人工在前期对金融服务需求者进行资质、信用等的审核，后期进行持续的跟踪服务，运营成本较高，整个过程存在一定的主观性，容易引发风险。数字普惠金融克服了这些方面的困难，供需双方通过互联网即可获得服务，减少人力、物力成本；大数据、人工智能等技术的应用，减少运营过程中的主观性，降低风险，提高效率。

2. 影响路径

（1）资本形成效应。由索洛增长模型可以看出资金对于经济增长的作用十分重要，而资金的主要来源在于社会储蓄，将储蓄进行投资，投资将生产要素转换成产出，实现价值增值，增加社会财富，进一步增加储蓄，形成良性循环。在整个储蓄、投资的过程中，离不开金融体系的支持。数字普惠金融的出现，提高了储蓄水平。由于数字普惠金融丰富了金融产品，满足了各个群体对于投资理财的需求，因而对于社会闲散资金的吸引力更强，提升了社会储蓄水平。同时，数字普惠金融的出现，能够高效地分析资金需求者的信用状况、还款能力等，将储蓄输送到有资金需求和发展潜力的企业中。总之，数字化的金融平台，提高了储蓄水平，解决了资金供需双方的信息不对称问题，提升了资金使用效率，最终使得资本积累增加，优质产业得到资金支持而发展壮大，产业结构随之变动。

（2）技术进步效应。技术进步，使得投入产出转化率提高，能够以较低的投入实现产出最大化。从企业层面讲，技术的进步提升了企业的竞争力，增强了企业的盈利能力，是企业持续发展的核心要素。从国家层面讲，技术进步提升了资源的利用效率，符合可持续发展战略要求，是社会经济增长的重要推动器。因此，加快技术创新步伐是十分必要的。技术创新的主体主要是高新技术行业，这类行业往往具有高风险、高收益的特点。在高新技术企业创立初期，需要大量的资金进行人才引进、设备购置等，但由于其风险较高，传统金融机构本着高风险、高收益的原则，能够提供给这类企业的资金规模有限，且利息率较高，对于初创型企业来说，高额的融资成本不利于发展，甚至有的企业因此放弃技术创新。数字普惠金融具有融资成本低、融资规模大，能够提供针对性金融产品等特点，可以为高新技术企业提供更加合理优惠的资金支持，有效缓解这类企业的融资困境。企业在获得资金支持后，投入科技研发，推动整个行业的技术创新，有利于产业结构优化调整。

（3）消费需求效应。消费需求通过市场机制，向生产商提供需求信息。而生产商一方面根据前期商品的销售情况来调整本期的生产规模；另一方面，根据消费需求的变化而设计、生产符合消费者需求的新产品，最终拉动产业结构的调整。数字普惠金融的出现，一是使消费者获得更加便捷的资金支持，使消费者在整个生命周期内能够有效地平滑收入与消费，克服了流动性约束，实现需求的量变；二是数字普惠金融提供了更加丰富多样的金融理财产品，通过合理的投资，居民收入增加，而收入增加是消费者增加消费数量、提升消费质量的重要因素。总之，数字普惠金融刺激了消费需求，激发了消费活力，推动了消费结构升级，从消费需求端拉动产业结构调整。

3．理论启示

根据传统金融发展对产业结构调整产生的影响，结合数字普惠金融发展与传统金融发展的关系，突出数字普惠金融的特性，最终推演出数字普惠金融发展与产业结构调整的关系以及可能存在的影响机制，认为数字普惠金融发展能够推动产业结构的调整，主要的作用路径包括：

（1）数字普惠金融发展增加了资本积累，是传统企业转型升级的首要前提，传统企业的转型发展促进了产业结构的调整；（2）数字普惠金融发展刺激了技术创新，创新型、高科技型企业的出现带动产业结构朝着高级化方向调整；（3）数字普惠金融发展平衡了消费者的收入与支出，改变其消费数量与质量，从需求端促进产业结构调整。

第二章 国内外文献综述

第一节 国内外关于数字普惠金融的文献综述

一、国外关于普惠金融概念和内涵的界定

关于普惠金融的定义，国内外专家学者一直没有达成共识，所以没有统一的说法。2005年，普惠金融或者包容性金融的概念被描述为"能够高效且全面地为社会各个阶层和群体提供价格合理且方便快捷的金融服务的体系"，这在理论界被普遍认为是普惠金融概念的正式提出。2006年，世界银行扶贫协商小组表示普惠金融应当具备以下四个特征：个人、家庭以及企业能以适当价格获得金融服务；金融市场中具有完善的金融机构和有效监管；金融机构能够可持续地为客户提供服务；具有竞争性的金融市场能够为客户提供高效且多样化的相关服务。2009年，普惠金融联盟对普惠金融的描述是一个"能够覆盖并惠及那些被排斥人群的金融服务体系"。

国外学者的研究普遍认为，应该利用普惠金融这一方式来给予低收入群体等弱势人群一些价格可负担的金融产品及服务，借此来缓解金融排斥现象并提高金融包容性。还有学者根据行业分布如银行业、证券业和保险业等对普惠金融的概念进行细化，指出各个金融分支都需要把遭受金融排斥而无法获取正常金融服务的群体纳入进来。2014年，普惠金融全球合作伙伴组织给出了普惠金融的定义："所有处于工作年龄的成年人（包括目前被金融体系所排斥的人），都能够有效获得正规金融机构提供的以下金融服务：贷款、储蓄（广义概念，包括活期账户）、支付和保险。"其中，"有效获得"是指金融服务具有成本合理、服务便利等特点，从而增

加了整个群体均可获得正规金融服务的可能性。同时，也有学者强调普惠金融的概念不仅应该注重金融服务的可得性，更应该注重获得金融服务的机会均等性。

二、国内关于普惠金融概念和内涵的界定

相对于国外来说，国内机构和学者对于普惠金融的研究较晚，但近几年来一直是研究的热点且发展速度较快。

杜晓山等学者较早地将国际上流行的普惠金融概念引入我国，提出普惠金融体系是一个能够将受到金融排斥的弱势群体纳入进来的金融体系，并使他们能够在微观、中观和宏观三个层面受益。他还提出，普惠性金融体系的目的就是使所有金融产品和服务的需求者都能够有均等的权利去获得相应服务，该体系从本质上讲归属于金融融资渠道和信贷渠道使用的公平问题，强调大量弱势客户都应该有公正、平等地享受金融服务的权利。焦瑾璞、陈瑾指出，普惠金融体系涉及但又不等同于小额信贷和微型金融，是一个应该将社会所有群体，包括处于贫困地区和被边缘化的弱势群体纳入金融服务对象范畴的金融体系，强调受益范围的整体性。王靖、胡国晖认为，普惠金融应该重点关注需要获取各类金融服务的社会弱势群体，并且保证良好的金融服务质量，使其能够从正规渠道公平地享受到所需的金融产品和服务。

王曙光认为，普惠金融体系的基本含义是金融体系具有包容性并且能够以合适高效的方式使每一个人和群体都能享受到相应的金融服务，特别是要将在传统金融体系中无法获益的部分群体纳入进来。周小川指出，包容性金融包括四个目标：一是微观经济主体能够以合理的成本取得多样的金融产品和服务；二是强调金融机构要进行自我监督、社会监督和政府监督，保证其稳定经营；三是针对金融行业，应该确保其健康可持续发展；四是针对整体市场，应该使金融市场中的产品和服务保持多样化，通过竞争机制来提升其质量。李明贤、叶慧敏对于普惠金融和小额信贷的关系进行了具体的阐述，指出普惠金融的界定范围包括并不止于微型金融和小额

信贷，其内涵才真正使小额信贷的扶贫理念得到贯彻和落实。2016年，星众将普惠金融的概念从实践和理论两方面来分析，并指出现有研究对普惠金融的定义主要是针对实践层面进行的，理论层面即以金融发展和金融福利分配为视角的界定较为缺乏，并提出了"5+1界定法"，"5"指可得性、价格合理性、便利性、安全性和全面性；"1"是指面对特定的服务客体，从而使得普惠金融的内涵更加立体和丰富。同年，我国发布了《推进普惠金融发展规划（2016-2020年）》，明确指出"普惠金融是指立足机会平等要求和商业可持续原则，以可负担的成本为有金融服务需求的社会各阶层和群体提供适当、有效的金融服务"。2017年，白钦先和张坤经过多年思考，对普惠金融的概念进行了再次界定，更加强调金融在哲学层面和人文层面上的深刻内涵，突出普惠金融以共享的方式来实现规范、引导和促进金融发展的功能。

随着互联网金融的发展，普惠金融的概念被赋予新的时代特征，即加入了数字技术的内涵：通过使用数字金融服务以促进普惠金融，其中手段是数字技术，受众是缺乏金融服务的群体，对金融服务的要求是正规且合法、成本可负担、方式可持续并能满足受众的需求。2017年9月，G20发布的《G20数字普惠金融高级原则》中更深层次地丰富了普惠金融的内涵，即利用数字技术和电子技术（包括电子货币、线上支付平台等）来促成传统的金融服务和交易更高效地完成。

三、国内外关于普惠金融经济效应评价的相关研究

与对普惠金融水平的影响因素和指标体系的研究相比，国内外学者对其经济效应评价的相关研究成果更少一些，主要集中于对经济增长的影响、减贫效应以及缩小收入差距等。

国外有关学者认为，普惠金融的发展主要是通过银行等金融中介机构来推动的，而银行等金融机构可能会因为利益驱动向企业索取更高的回报，这样会变相影响企业的投资水平，对经济增长是没有好处的；也有学者认为普惠金融可以使中小企业更容易获得融资，从而为其发展助力，因而有利于经

济增长和发展。

也有学者将中小企业作为其研究对象，通过实证研究得出结论：中小企业的融资规模和不良贷款率、违约概率之间存在负向关系，所以他们认为发展普惠金融可以扩大中小企业的融资规模，从而提高金融系统的稳定性，有利于经济增长。有的学者研究得出的结论相反，认为发展普惠金融会降低金融系统的稳定性，可能无益于经济增长，原因在于覆盖范围扩大到小微企业和低收入人群等弱势群体时，就会降低金融机构信贷服务的准入门槛，各类风险包括流动性风险、操作风险以及系统性风险等就会增加。但多数学者对于发展普惠金融持有正面积极的意义，认为其能够使社会各类群体获益，个人因为享受到多样化的金融服务而提升了生活品质，企业因为更容易获得融资而获得了更多的发展机会，金融机构也因为发行多样的产品和开展丰富的业务而降低了经营风险、扩大了经营范围，这一研究是从民生福祉上来体现经济增长效应的。

综上所述，国外研究大致上从普惠金融对收入差距、中小企业融资、民生福祉这几个方面来进行的，对经济的正负效应均有涉及。

从我国学者来看，王修华、邱兆祥是从农村发展普惠金融这一角度入手，认为农村金融规模的扩大无益于城乡收入差距的缩减，而其效率的提高却具有积极作用。徐敏、张小林利用VAR模型、协整和格兰杰因果检验，对普惠金融水平和城乡居民收入差距之间的关系进行了实证分析，得出二者存在长期均衡影响，并且普惠金融发展水平对后者具有一定作用，后者对前者则无，属于单向影响关系。杨燕是利用VAR模型，并基于我国各地区多年的面板数据进行实证研究，得出大力发展普惠金融能够明显促进经济的持续增长，但经济增长对普惠金融发展的影响效果却不显著，说明我国经济的发展还是处于效率高于公平的阶段。

李涛、徐翔、孙硕以世界各经济体作为研究样本，得出结论：只有"投资资金来自银行的企业比率"这一指标对各研究对象呈现出了消极影响，其他指标对经济发展均无明显效果；而且针对初始经济状态较好的经济体来说，负向影响表现得更为明显。刘亦文、丁李平、李毅、胡宗义采用面板门槛模型，对我国各地区普惠金融发展水平分阶段进行实证分析，结果表明，普惠金融对经济增长存在双门槛效应，整体表现出积极的促进作用，但是各个阶段效果不尽相同。罗斯丹、陈晓、姚悦欣则是针对普惠金融发展水平的减贫效应进行相关研究，发现普惠金融发展水平和减贫效应之间存在"U"型关系，而且二者之间的门槛效应较为显著，人均收入水平越高，减贫效果也随之增强。

总体来讲，我国学者对普惠金融经济效应的结果更偏向于正向效果，而且从减贫效应和收入差距的角度进行研究的成果较多。

四、国内外关于数字普惠金融经济效应评价的相关研究

目前，对于数字普惠金融的研究相对较少，主要集中于对数字普惠金融的内涵、指标体系的编制和对经济效应的研究上。2015年，焦瑾璞、孙天琦、黄亭亭、汪天都将数字货币和普惠金融结合起来研究，总结了数字货币对于发展普惠金融的三大作用：增加服务覆盖面、缩减服务成本、提高服务质量，建议借鉴国外的先进经验、考虑我国的实际国情、利用数字货币助力普惠金融发展。

宋晓玲利用2011年至2015年间各省市的平衡面板数据进行实证研究，分析得出数字普惠金融能够显著缩小城乡收入差距，并提出了政策性建议。张贺、白钦先也研究证明了数字普惠金融可以在一定程度上起到缩小城乡收入差距的作用，并提出建议：未来普惠金融的发展应该继续秉持"普"与"惠"的本质要求。龚沁宜、成学真研究表明，数字普惠金融的发展具有良好的减贫效应，特别是对于经济发展程度低下的省份，减贫效应更加明显。傅秋子和黄益平采用加入工具变量的面板数据模型，研究数字普惠金融对于农村金融服务需求的异质性影响，对适合农村金融发展的政策制定提供建议。

2018年，葛和平和朱卉雯利用2011年至2015年动态面板数据模型研究，得出结论：各地经济发展水平与数字普惠金融指数之间具有"U"型关系，对经济增长具有促进作用，并与城乡收入差距具有显著的负向关系。郝云平、雷汉云利用空间自回归模型，使用2011年至2015年间的数据，证

明了数字普惠金融对经济增长具有显著的正向作用，并具有空间相关性和集聚性。詹韵秋同样使用了2011年至2015年间的数据，证明了数字普惠金融对经济增长的数量具有负向作用，而对经济增长的质量具有正向效果，前者存在正"U"型关系，而后者存在倒"U"型关系。李建军与韩殉主要研究以银行和保险为代表的正规金融机构在普惠金融方面发挥的作用，得出普惠金融在发展初期具有缩小城乡收入差距的效应，以及正规金融机构提供的服务还是没有全面覆盖弱势群体的结论，提出了构建信息化普惠金融的系统正好能够缓解后者的问题，实现减缓贫困的效果。2019年，张勋、万广华、张佳佳、何宗越通过中国家庭追踪调查数据与数字普惠金融指数，研究数字金融对中国经济包容性增长的效应和传导机制。

总体来说，研究主要集中于对数字普惠金融经济效应研究的间接效应，如减贫效应和缩小城乡收入差距等，而相关经济效应的直接研究仍然较少，且受限于数据时间而无法深入研究其影响机制。

目前，国内外学者对普惠金融的研究具有丰厚的成果，同时也存在一些问题。首先，国外学者对于普惠金融的研究从金融排斥开始，较国内研究时间更早、程度更深，而我国金融体系不太完善，小额信贷的发展起步较晚，实践经验相对缺乏，所以国内学者研究普惠金融主要是结合我国具体国情，如城乡居民收入差距较大来进行的，还经常与小额信贷和微型金融做比较；其次，不管在国内还是在国外，普惠金融的概念一直以来都没有统一的定论，各个国际组织和学者给出的概念各有侧重，究其根本，主要是由于对普惠金融的本质没有明确而深入的理解；最后，国内外学者关于传统普惠金融经济效应的研究成果中已经有正向和负向效应的多样化影响机制，且相对成熟一些，而由于数字普惠金融这一概念的提出时间较晚，所以相关研究成果相对匮乏，并且对具体的作用机制涉及较少，对数字普惠金融如何实现最佳效果的研究还不够深入。

五、数字普惠金融的发展过程

上文探讨了普惠金融和数字普惠金融的概念，得知普惠金融主要就是服务于那些弱势群体。普惠金融经过三个阶段，分别为小额信贷阶段、微型金融阶段和普惠金融阶段。

20世纪，发展中国家开始小额贷款业务。因为政府和金融机构发现，给贫困地区的居民提供单一的金融服务和金融贷款，并不能解决他们的贫困问题，想要解决这一问题，就应该让金融服务更合适他们，更好地为他们提供帮助，从此微型金融代替了小额贷款。21世纪，传统金融无法更全面地提供金融服务，由此产生了普惠金融。普惠金融慢慢地发展成熟，成为金融体系非常重要的组成部分，并受到国家的重视与扶持，这不仅能够使更多的人和地区享受到金融服务，而且提升了整个金融服务的质量和效率，促进社会经济发展，也完善了我国的金融体系。

据统计，我国普惠金融的资金总量不断上升，服务对象不断扩展，内容和形式变得越来越丰富，政府下发的优惠政策也在不断增多，让更多的人更好地享受金融服务，但是普惠金融仍然存在局限性，主要体现在以下三点：

1. 享受金融服务的客户数不全面。普惠金融可以较好地解决偏远地区和中小微企业获得金融服务少这一问题，更全面地覆盖到各个范围，给需要金融服务的人提供良好的金融服务，使得普惠金融自身得到发展的同时，也促进了当代社会经济发展。但是，那些贫困偏远地区因为物理网点缺乏，网络设施较为落后，难以获得合适的金融服务。

2. 成本支出较高。要让社会各阶层都能得到金融服务，就必须要对不同阶级的不同金融需求做全方位的调查与研究，而且贫困地区想要获得金融服务以及金融机构想要获取贫困地区和中小微企业的信用程度，都需要很大的资金投入，成本较高。

3. 存在一些潜在的风险。普惠金融的服务对象很广泛，服务的种类业务也比较繁杂，在复杂多样的环境中，金融机构很难及时有效地发现潜在风险，而且在贫困地区，潜在的风险因素会更多，加剧不稳定性因素。

在此基础上，数字普惠金融应运而生。数字普惠金融实际就是普惠金融加上数字技术，更好地将金融服务扩散到更多的地方，让普惠金融的作用能够得到放大。数字普惠金融利用大数据，为更多的客户提供符合他们要求、可靠公平并且自己可以承担的金融服务，数字普惠金融并不是对所有服务对象一同发力，而是有自己的服务重点，即那些很难获得金融服务但又急需金融服务的群体，这样能够更好地让金融服务于全体群众。目前，我国对数字普惠金融进行多种创新，促进我国的经济平稳快速发展。

六、数字普惠金融的发展水平

我国非常重视普惠金融的推广与发展，而且制定了很多优惠政策，例如，设置五年专项计划以促进普惠金融的发展。我国把普惠金融的重点放在农村地区，政府大力支持普惠金融的发展，很多金融机构完善了农村金融服务体系。但是普惠金融的覆盖面仍然存在局限性，在一些农村地区存在得不到金融服务、供需不平衡、不利于农村发展的问题。而且一些金融机构以盈利性为主，将城市的金融服务体系照搬到农村，结果无法获得正常盈利，造成了创新动力缺乏的现象。

现在农村也存在"短、急、频"的现状，使得城市的金融服务方式并不适用于农村。一方面，农村的信用体系并不完善，农民无法进行担保；另一方面，农民自身对于诚信的认识也不足，基础设施比较落后，金融发展环境不好。种种不利因素都不利于在农村实行普惠金融，获取金融服务。但是，农村新产业结构发展十分迅速，对资金的需求较大，而数字普惠金融能够更好地满足金融需求，给农村提供资金帮助，弥补普惠金融的短板，使覆盖面和应用度更加广泛，为农村地区提供更有针对性的金融服务，能让他们以可承担的成本进行资金的融通，获取经济发展。

数字普惠金融让农村金融得到发展，但其发展离不开科技的支撑，因此，科技创新也是尤为重要的。它能够让电子商务在农村发展起来，使得农村可以依靠电商来进行农产品的销售，当地政府也对金融创新提供相应环境，促进金融创新，更好地发展农村数字普惠金融。

随着科学技术不断地发展创新，数字技术也应用得越来越广泛，使数字普惠金融得到快速发展，数字化程度不断提高，更好地应用于我国各地的经济发展。2018年—2019年，数字普惠金融在生活中的实践逐渐多样化，基础设施建设也变得更加完善，新服务、新产品正在不断地创新发展，而且数字普惠金融更广泛地应用在精准脱贫、中小企业融资等场景建设中，更好地服务于我国经济发展。我国数字普惠金融的发展已经从粗放式走入深度拓展精准式发展新阶段。

1. 各类金融机构已经开始转型。传统金融机构的运作模式已经逐渐跟不上时代的发展，因此，现在不少金融机构已经开始数字化转型，提供更加全面、更加多样化的服务。

2. 随时随地开展金融服务。金融科技不断发展进步，让金融服务可以突破时间和空间，随时随地向需要金融服务的人和机构提供金融服务。

3. 开始业务流程再造。数字科技不断发展变革，使得传统金融机构将业务流程化繁为简，再加上新兴科技，大大简化了金融服务。

2020年疫情暴发后，线下的一些金融服务机构不能够更好地进行金融服务，这时候数字普惠金融发挥了巨大的作用，数字普惠金融的应用有利于疫情之后的经济复苏，更有利于疫情之后产业、公司更快地复工复产。

第二节　国内外关于产业融合的文献综述

一、国外关于产业融合的研究

产业融合概念起源于罗森伯格关于美国机械工业发展的研究。罗森伯格发现，在19世纪早期，一些机械设备是在高度集成的生产系统中制造的，专门生产各种终端产品以满足用户的需求。直到19世纪中期，一个独立的专业机械工业才出现。罗森伯格认为，这一独立过程主要与许多行业中钻井和磨削等一般机械制造技术的广泛应用有关。他认为，这种独立过程是由于采用了共同技术而产生的技术融合。国外学者从计算机业、广播业及出版业之间产生的融合现象进行分析，从理论及实践上，对产业融合进行了定义。他们认为，产业融合基于产业之间的技术联系，以某种技术范式传播到不同行业，推动了这些产业的技术创新。也有学者将产业融合定义为通过技术创新和放宽限制来消除或者减少行业间壁垒，以此加强企业间的竞争与合作。这个定义基于产业融合的缘由和结果解释产业融合的意义，认为产业融合不仅涉及通信行业，而且金融、运输、能源等行业也在加速融合。在产业融合与产业演化关系中，国外学者认为产业融合在产业演进中起到了裂变作用，对市场结构、企业行为、技术创新都起到了重要的推进作用。

随着产业融合的不断深化和市场竞争的加剧，传统的战略管理理论遇到了挑战，许多学者已经开始关注这一现象，并将重点放在了融合时代的战略管理研究。产业融合的价值链解析则是其中研究的一项重要内容。有学者研究发现，在一个或多个价值链环节易产生产业融合，并将原有的价值链关系打破，如采购、生产和分销等。也有学者深入分析了在媒体和通信业融合的过程中价值链发生的变化，需要指出的是，技术因素、监管放松、用户偏好的变化是推动产业融合的重要因素，而产业融合又促进了这些因素的发展，影响公司发展战略的制订。随着产业融合的不断深入，瓦解了各行业独有的价值链条，形成了新的价值链。该学者将这个重组的价值链称为增值链的一体化，他认为由于其他行业不一定经历相同的融合过程，新的价值链融合引起的价值链重建可能不会以同样的方式进行，因此，这个研究结论很难延伸到其他行业。

二、国内关于产业融合的研究

对产业融合理论的研究，国内学者主要集中在信息产业领域或以信息化为背景而展开。张磊从技术的角度解释了信息产业的融合现象。卢东斌强调，产业融合是高新技术作用于传统行业，使得两个或两个以上产业融为一体，成为新的产业，产业融合愿景已经扩展到高新技术在传统行业领域中发挥的推动作用。厉无畏认为，国际产业发展的主要趋势之一是产业融合。马健将产业融合表述为："随着技术进步和管制放松，发生在产业边界和交叉处的产业融合改变了原有产业的特征和需求，改变了企业之间的合作和竞争关系，使得产业之间逐渐模糊，最终导致行业间重新划分界线。"这一表述强调了技术进步和放松管制是导致产业融合的内因和外因，揭示了产业之间的变化关系及产业融合在企业产品、市场层面上的表现，并使产业融合的领域进一步泛化。

周振华通过对信息技术的发展及广泛运用的分析，发现产业融合是在信息化进程中发生的一种新经济现象。随着互联网行业的飞速发展，使得电信、广播和出版行业间的边界出现了模糊，在其专著《信息化与产业融合》中，周振华以信息化为背景，全面、深入、系统地分析了产业融合问题。在对产业融合的发生条件和背景、内在推动力、产业结构条件进行分析的基础上，周振华认为信息技术的发展是产业融合的内在推动力，产业融合是经济发展的新动力，具有促进产业结构高度化、合理化的功能，具有推动经济社会发展的巨大潜力；通过对产业融合的资源要素基础、技术基础、运行平台基础的检验，周振华认为产业融合导致传统行业边界逐渐模糊或消失，新建立的产业间竞争协同关系将会产生更多的经济效应。信息化进程中的产业融合不但对传统的产业关联、市场结构、公司结构和空间结构带来新的变革，而且要求新的产业分类方法。他分析了产业融合下的创新性质、创新模式和创新体系，提出了适应产业融合的管制模式和政策调整构想；关于信息化进程中的产业融合和新型工业化道路的关系，周振华认为信息化存在着和工业化在产品、生产经营和产业等多层面的融合性。厉无畏基于动态的视角提出，通过相互渗透、相互交叉，最终不同产业或同一产业的不同行业融为一体，形成新的产业发展动态，进而出现了新的产业或新的增长点。值得一提的是，在产业融合中，高新技术担任了重要角色，极大地提高了生产效率和经济效益，这一含义将产业融合的概念从产业内部扩展到产业外部的最广泛领域，并描述了产业之间融合的具体作用方式，其具体结果不但包括新产业的出现，也包括新的经济增长点。产业融合既可能发生在高新技术产业内部、高新技术产业和传统产业之间，也可能发生在传统产业内部和传统产业之间。郭铁民认为，产业结构、产业关联、产业布局、产业组织与产业政策诸环节在产业发展过程中的共同作用和影响，引致产业融合，而产业融合往往又能催生新的产业，这其实是一个产业形成和发展的过程。胡永佳从分工角度探讨产业融合现象，提出产业间分工的内部化及产业间分工转变为产业内分工的最终结果是产业融合，他认为产业融合的发生必须满足的条件是管制放松和不同行业间的兼容，而不同行业对经济效益的追求则是发生产业融合的根本原因，他还从市场、技术和产品角度提出了产业融合的类型，对产业融合的驱动力达成几点共识，即管制放松、技术创新与扩散、市场需求、商业模式创新等，并对由产业融合产生的产业绩效、产业创新、产业升级效应进行了深入分析。

综上所述，结合国内外对产业融合的研究得出，产业融合具有系统性特征，同时，它又显现动态性。技术是融合的基础，企业是融合的主体，产品是融合的客体，制度是融合的保障，最终实现融合型产品的市场化过程。且这个过程是循环往复的，在技术与需求的推动下，又会开始新的融合。产业融合是在内生性动力和外生性动力共同作用下形成的，共同推进产业融合的发展。

总体上看，国内外学者和有关方面就产业融合进行了较为广泛的研究，并且取得了不少研究成果。研究中描述居多的是具体案例分析，理论分析相对较少。事实上，产业融合作为产业创新的形式，使得传统的基于清晰产业边界的理论面临着产业组织理论、产业结构理论等的挑战。因此，如何对这种形式的产业创新进行一般性的理论解读，构建适应产业融合环境的理论体系，是产业融合研究的重点。目前，国内外学者对产业一体化的基本概念还没有形成统一的认识，产业融合理论的研究还处于发展阶段，特别是在全球经济化背景下，揭示产业内部及产业间融合内在机制、表现形式、经济效应将成为日后产业融合的重点。

第三节　国内外关于农村产业融合发展的文献综述

一、国外有关农村产业融合发展的研究

国外对于农村产业融合的研究主要以农业六次产业化为中心，六次产业是日本学者今村奈良臣在20世纪90年代提出的，目的是振兴农业经济。申孝忠认为，在六次产业化中，农业不再以生产为导向，未来农村将是以

农业六次产业化为基础的消费导向生产。徐哲根认为,六次产业化是一个不断发展的概念,可视为"以农业为基础,充分利用农业和农村的优势资源,推动农产品向农产品加工业(第二产业)和农产品服务业(第三产业)融合发展的过程"。金泰坤认为,农业六次产业化是指农业生产、加工和销售的一体化发展,并将农村特有的新领域逐步商业化,以此增加就业岗位和农产品附加价值,激发农村地区的发展活力。

二、国内有关农村产业融合发展的研究

国内学者在研究我国农村一二三产业融合发展问题上也具体结合了我国农村的实际情况。首先,在农村产业融合的概念上,农村一二三产业融合是指通过技术渗透,产业结构优化升级,第三产业服务水平的提高,使得农业和农村加入到二三产业中,农业生产、农产品加工、农产品营销等有机结合起来。赵霞、韩一军等归纳和总结的农村一二三产业融合,就是以农业为基础产业,通过各个产业的交叉融合,拓展农业产业新态势。

一些学者通过分析我国农村产业融合现状,得出对我国农村产业融合发展的指导意见。王烨冰认为,由于我国农村还处在产业融合发展的起步环节,还有着管理不足、产业结构不平衡、利益缺少联结体系等诸多问题,所以,可采用发展新型企业、改善农业结构、建设利益联结体系、开拓多维发展的方法来促进农村产业融合。李乾、芦千文等根据调研数据得出分析,认为农村产业融合可以有效地促进农民增收,而农民收入水平的提高反过来也促使农民认知水平的提高,农民更愿意加入到农业规模生产的经营活动中,农民增收与一二三产业融合之间形成了良好的互动互促关系,所以促进一二三产业融合要注重提高农民的收入。王桂朵通过对河南省产业融合先导区典型案例的实证分析,探讨一二三产业融合发展模式的有效经验及存在的主要问题,得出对于河南农村产业融合发展的指导建议。王乐君、窦广增提出促进农村一二三产业融合的主要方式是依靠农业合作社带动和龙头企业带动,促使农户参与到二三产业收益的利益联结机制中,分享二三产业的利润,从而增加农民收入。

综上所述，国内外学者结合我国农业农村发展状况，对农村产业融合问题有丰富的研究，研究内容聚焦于农村产业融合的内涵、模式、问题、对策等方面，研究方法多为案例描述、定性分析等。虽然农村产业融合发展研究取得一系列研究进展，但总体上仍存在一些不足。

第一，理论研究有待拓展。已有的一些研究成果基于西方产业融合理论框架，研究内容只是在产业融合研究基础上挂上"农业"或"农村"二字，还未突破西方理论分析。西方产业融合理论主要根据信息产业中的融合现象进行总结和提炼。实际上，随着农村农业与制造业、生产性服务业、旅游业等多种产业融合现象的出现，产业融合范围从第三产业内部融合拓展到了第一、第二、第三产业内部融合与一二三产业间融合。农业作为农村基础产业，具有一定弱质性。相比其他领域的产业融合现象，以农业为基础的农村产业融合发展必然不同于信息产业、传媒产业等领域的融合发展，有其内在客观存在的独特性。同时，农村产业融合的主体不同于西方一般产业融合理论中高度市场化、竞争性的企业，而是既包括家庭为单位的小农户，又包括家庭农场、龙头企业等多种市场主体。因此，结合农村产业融合发展实际，针对其独特性的理论研究成果有待丰富。

第二，研究视角相对单一。现有的相关研究大多数分析对象为同类企业集合意义上的产业或行业。一些研究成果根据西方产业融合理论，将农村产业融合分为技术——产品——业务——市场的不同融合阶段，或是直接套用产业融合的方式，将其分为渗透、延伸、重组融合等，而进一步结合农村、农业特征分析这些融合方式的内在机理较少。相比之下，我国学者对制造业、生产性服务业、旅游产业等二三产业融合发展现象的研究视角更加宽广。一些学者从产业链视角对这些领域的产业融合现象进行了较为丰富的探索，而在农业农村领域，相关文献更多的是在农村一二三产业融合发展概念、内涵、措施等论述中提及产业链、价值链等概念，把产业链延伸作为融合发展的一种形式。

第三，定量分析研究较少。现有研究对制造业、生产性服务业等二三产业融合之间的融合水平或融合度关注较多，对农村产业融合发展水平研究较少。在已有的少数研究中,研究区域主要是某一具体的省(市),研究方法相对单一。因此,未来在农村产业融合发展整体水平的定量实证研究,农业与二三产业之间融合水平的定量化差异研究等方面需要进一步丰富。

第三章 我国农村产业融合发展现状分析

第一节 农村一二三产业融合发展的历史背景与进程回顾

作为实现产业振兴的重要抓手，农村一二三产业融合发展在乡村振兴中作用重大，有必要梳理和回顾我国农村一二三产业融合发展的历史背景和进程，以期为后续的研究奠定基础。

一、农村一二三产业融合发展的历史背景

农村一二三产业融合发展是我国农业发展至今的现实要求，也是健全农业市场的必经之路。1978年的家庭联产承包责任制是我国农业发展史上的一个巨大转折点。包产到户、包干到户的经营形式激发当时农民耕种的积极性，使村风村貌焕然一新，极大地解放了农村生产力，使农民逐渐走向小康之路。

然而，以户为单位经营农业是一种分散经营，很难形成规模，无法收获规模效益。家庭经营使农村田块分散，不利于大型农业机械的使用，生产率低。一方面，在当前农业发展模式下，初级农产品和粗加工农产品附加值低，农村收入较低，农产品比较收益较低，农民收入相对偏低。同时，农民社会保障程度低于城市，经济方面抗风险能力差，因此，农民预期可支配收入低，缺乏扩大再生产的能力，难以进行农业生产升级改造。另一方面，每户土地有限，农忙时节靠家中个别劳动力耗费一定劳动时间即可完成耕种，不需要每个环节普遍使用机械化，导致我国农业很难跟上时代发展的脚步。

农村一二三产业融合发展是达成农业现代化的战略要求，是乡村振兴的主要抓手。只有推动农村产业深度交叉融合，加快发展基于农业农村、体现当地生态特色和文化特色的产业体系，才能推动乡村产业全面振兴。

农业结构得到根本改善。农业产业链不断延伸，农业功能得到拓展，农业的生产模式、商业模式和技术等都要得到升级和创新。农牧结合、农林结合等促进农业产业链向两端延伸，农业在生态、文化等方面的潜力逐渐被发现并且得以有效开发利用，各村各镇因地制宜地探索行之有效的新模式。

农民就业质量显著提高。一二三产业深度融合，破除产业边界，由此形成"第六产业"，农民可就地就业，深入到各个环节工作；也可为农村出来的大学生提供更好的就业机会和创业机会，为乡村振兴战略的实施和农业现代化建设注入知识性新血液。

城乡融合发展体制机制更加完善。自从开始统筹城乡融合发展，我国城乡融合进展迅速，但是仍然存在发展不均衡、不充分的问题，这些问题在乡村尤为明显，城乡之间要素合理流动机制还存在缺陷。近几年，国家一直强调要着力破除产业融合体制机制方面的障碍阻力，使生产资料在城乡之间自由有序流动，均衡配置，加快形成工农互促的新型城乡关系。

二、农村一二三产业融合发展的进程回顾

1. 从乡镇企业到贸工农一体化

改革开放打破计划经济对生产力的束缚，家庭联产承包责任制激发了农民进行农业生产的积极性，生产力大幅提高，更多的农产品要求进入市场，也相应对农业生产进行更多的再生产投入，以农业买卖为基础，在农村周围形成商品集散点，农村商品经济得到发展，产生了农村剩余劳动力转移问题。在农产品交易过程中，逐渐意识到进行单纯的农副产品买卖很难使农业和农民收入有进一步的增长。因此，乡镇企业是时代进步的必然阶段，以农产品交换为关键点，联系农业生产的产前、产中和产后涉及的各个部门。进入20世纪90年代，在各个部门相对独立的生产模式下，生产销售主要由市场自动调节。从市场角度出发，贸工农一体化经营企业逐渐

出现在市场上，成为农工商相对独立经营的乡镇企业升级版。贸工农一体化经营模式下，农产品的生产、加工、销售环节是同一企业内部的不同分工，将三次产业以产品为主线串为一个面向市场的经营整体，更重视企业管理在整个生产过程的调节作用，是现代化企业的雏形。

2. 从农业产业化到农村一二三产业融合

在市场经济转型期间，农业发展与市场经济矛盾不断，农业生产基础总体薄弱，自我发展能力不足。广大农民不断发挥人民的首创精神，积极探索市场经济下农业发展新路径，结合贸工农一体化企业的实践经验，提出农业产业化的发展机制。农业产业化发展至今，对农业的市场化、规模化、专业化发展作出了巨大贡献。培育了一大批龙头企业，为后来创新型经营主体树立模范，是我国农业经济发展的重大飞跃。

2014年，我国经济步入新常态，农业产业结构性矛盾日益突出，供给侧结构性改革应运而生。党和政府积极推进农业产业化再上新高度，颁布相关政策和指导意见，促进农业生产体系和产业融合机制的建立，引导农村产业更深层次地融合，将全产业链打造成利益共享、风险共担的利益整体。

三、乡村振兴与农村一二三产业融合发展的互动关系

乡村振兴战略为新时代乡村发展提供了新思路。实施乡村振兴战略是化解社会主要矛盾的题眼，是实现"两个一百年"奋斗目标和共同富裕的必然要求。

1. 农村一二三产业融合发展是实现乡村振兴的重要途径

乡村振兴要坚持目标导向，切实达到产业兴旺的总体成效。产业兴旺作为乡村振兴的物质基础，是乡村振兴攻坚克难的主战场。实现产业振兴，需要以农业为依托，高质量发展二三产业，竭力实现产业链和价值链一横一纵双维提升。农村一二三产业融合发展恰是实现这一目标的重要抓手。解答好农村一二三产业融合这道题的自然结果是产业兴旺，实现乡村振兴。

2. 乡村振兴为农村一二三产业融合发展创造有利条件

在制度供给方面，为给乡村振兴注入活力和动力，我国围绕农村基本

经营制度、农村土地制度、集体产权制度和农业支持保护制度多线发力，深化改革，稳定了农民和社会其他主体对农村和农业的预期，打破要素自由流动的制度壁垒，构建起量高质优的产业融合制度通道。

在资金支持方面，乡村振兴需要真金白银，公共财政对农村农业的倾斜力度加大，农村金融改革稳步推进，服务于产业兴旺的投融资渠道拓宽，土地收益取之于村、用之于村，更多的社会资本进入农村农业，极大地丰盈了农村一二三产业融合发展的资金池。

在人才支撑方面，乡村振兴的首要资源是人才，必然要调动一切力量加大对新型职业农民的培养，建立完善的乡村人才培育、引进和使用机制。农村一二三产业融合发展需要专门人才的支撑，乡村振兴吸引了更多的管理、技术、经营人才投身乡村。借着乡村振兴的东风，农村一二三产业融合发展的人才密度逐步加大，人才素质稳步提高，人才稳定性日趋牢固。

3. 乡村振兴对农村一二三产业融合发展的新要求

农村一二三产业的有机串联是实现农村产业链、价值链延长提质的有效路径。与农村产业发展不同，传统的农村产业发展由于无统筹、无规划而各自为政，无序生长，重在增产而非提质。农村一二三产业融合发展是产业兴旺的题眼，乡村振兴对其提出了新要求。

实现乡村振兴，应以农业为基础，打造一二三产业的长链条。与以往不同，乡村振兴背景下的产业融合亦不再是农业唱主角，工业、服务业唱配角，而是三者并重、互相促进。一二三产业融合要用结构化的思维引导其形成有机整体，使其具备自我净化能力和造血功能。

乡村振兴中产业兴旺的最终目的是生活富裕。农村一二三产业融合发展的最终目的是农民增收。因此，农村一二三产业融合必须要将农民增收摆在重要位置。让农民深入参与到产业融合中来，以实现经营性和财产性收入的提升。这就要求在产业融合发展中建立有效的利益联结机制，让农民进入融合发展的"利益圈"和"价值圈"。

4. 乡村振兴背景下农村一二三产业融合新发展

自实施乡村振兴战略以来，从上至下全线发力，农村一二三产业融合迎来了新发展。2017年12月，国家明确建立融合发展先导区的总体要求和重点任务，要求各地切实完善包括项目资金、投融资、用地保障、公共服务等政策支持，加强对融合发展先导区的组织领导。通过地方自主申报，省级审核推荐和专家评审，全国共有153个县（市、区）成为农村一二三产业融合发展先导区。

四、乡村振兴视域下农村一二三产业融合发展目标

我国作为一个农业大国，农村常住人口占总人口约40%，经济发展已经进入新常态。在单纯依靠进行初级农业生产以促进农民提高收入乏力的情况下，为提高农民收入、转变农业发展方式及构建现代农业体系，2018年，国家从建设现代化经济体系、实施乡村振兴战略的全局出发，对农村一二三产业融合发展做出了新定位，同时也给出了新要求。积极向驱动农村一二三产业融合持续纵深发展和探索农村一二三产业融合新模式的有益实践给予政策指导和扶持，是引导农业生产适应中国经济发展新常态的现实要求。

综上，乡村振兴视域下农村一二三产业融合发展需要实现农村、农民、农业三个方面的目标。

农村一二三产业融合发展要能为美丽乡村建设提供助力。实现美丽乡村建设，必须着眼提高农业全产业链的收益，构建现代持续产业体系。在当下新经济发展态势下，传统农业需要明确自身优势，结合第二产业和第三产业的力量，不断延长产业链，提高全产业市场竞争力。产业间的融合需要以农业为主线，融合生产、加工、销售各个环节。第二产业为初级农产品提供更深层次的加工，如对生鲜农产品进行保鲜加工、农特产包装等，提高农产品附加价值。第三产业可为农业提供公平公开的市场交易平台、精准的品牌定位，改善农产品的核心技术，进一步挖掘农产品的文化价值、对地域性农产品的深度推介等。通过农村一二三产业融合发展，促进农业生产、加工、销售各个环节紧密对接，并在各个环节对传统农业进行产业创新，进而形成新的产业形态，推进农业转型进行高质量农产品生产，增加农业在现代市场环境下的竞争力，提高农民的话语权，缩小城乡差距和实现城乡一体化。

农村一二三产业融合要实现对乡村资源的保护和利用。一方面，通过

发展休闲农业、创意农业等产业融合新领域，增加对农村基础设施、生态环境、居住条件等的建设和投资，减少农业对自然环境的污染，促进农业生产和农民生活方式向绿色、环保方向转变，完善农村公共服务体系，维护村落功能和农村环境。另一方面，农村一二三产业融合发展促使农村经济高质量发展，面向消费者的高质量农产品、乡村旅游的美丽自然生态环境以及农村的淳朴民风民俗，逐渐吸引更多的人加入美丽乡村建设，更加重视对乡村不可复制的景色和乡村文化的保护。

农村一二三产业融合发展的重要目标之一是有效增加农民收入。农村一二三产业融合发展使二三产业生产链向第一产业延伸，更多的资金和资源随着产业链逐渐向农村渗透，提高农产品的附加价值，并且把以农产品和服务为主线的利益链也尽量向农村和农民倾斜，提高农民就业质量，拓宽农民收入渠道。农村一二三产业融合发展可以激活农村土地、宅基地和产品市场，盘活农村资本，增加农民财产性收入。二是与农村一二三产业融合相配套的利益联结机制，以政策或者合同的形式规定，在融合中农户、经营体和中介组织等之间的分工合作关系，明确合理的利益分配机制，农民以土地、宅基地或者其他生产资料入股融合项目，不仅可以得到劳动所得，还可以分享经营所得利润分红，不仅使农民增收，也改善了农民的收入结构。

与此同时，农村一二三产业融合要以有效促进农村剩余劳动力转移为基础目标，努力实现科学的农村劳动力布局。一方面，随着产业融合推进，生产力逐渐提升，行业内部的分工更细致，也更复杂。企业和企业之间的联系日益密切，上下游之间人力相互流动，逐渐趋于稳定的企业人力构成。当地农民直接参与融合的产前、产中、产后各阶段，减少农村剩余劳动力转移进城务工的成本，完整农村人口结构，促进农村社会和谐发展。另一方面，产业融合的发展会带动更多农业服务机构进驻农村，届时需要更多人员参与生产。保证周边农民的工作岗位供给，吸纳农民集中进行生产劳作，形成稳固的农民"工会"，提高农民在整个产业链中的利益分配话语权。

自推行农村一二三产业融合发展以来，党和政府出台一系列农业方面文件、指导意见，旨在给予农业发展的专业意见，重视农业建设总体规划，提高农民科学种养的认知度，统筹农林牧渔协调发展，展现农村可持续的生态环境。

农村一二三产业融合发展要强调因地制宜地探索融合模式。遵循自然规律，形成农业内部各农产品生产部门相互协调联动的发展模式，促进高效、可持续的农业现代化体系建立。

农村一二三产业融合发展要有利于推动高新农业发展。农村一二三产业融合壮大农村产业经济实力，为引进高新农业生产技术提供物质支持，促进生物科学技术、物联网、现代信息技术等在农业种植、生产和销售等环节的推广运用，推动农业产业体系创新升级。传统农业之所以在现代化市场发展艰难，主要是因为发展动力不足。在当前科技革命的大环境下，高新尖科技与日俱新。农村一二三产业融合作为乡村振兴战略实施的关键，必须重视高新农业发展。用新技术推动农业提质增效，进一步挖掘农业多功能性，补齐农业现代化建设"短板"。

五、我国农村一二三产业融合发展典型模式分析

我国农村一二三产业融合发展随着乡村振兴战略的实施迎来了全新的发展机遇，下面主要分析我国实践中形成的四种农村一二三产业融合发展典型模式。

1. 农业产业链纵向融合模式

农村一二三产业融合中，产业链纵向融合模式是当前产业融合实践中得到较多运用的一种模式。这种模式以农产品为起点，以合理的利益联结机制为关节，发挥龙头企业等新型经营主体的动力作用，将传统孤立式的农产品生产、加工、消费环节变为同部门内部分工协作关系。形成三次产业一体化局面，以此提升整个涉农产业链的效益和竞争力，最终实现农业农村现代化。

2. 农村产业集聚型融合模式

从形态上看，对比产业链纵向融合模式的"线型经济"，农业产业

集聚属于"网络状"融合经济模式。农村产业集聚是在地理空间上具有接近性的较大数量农户或企业，由于彼此的共性或互补性而高度集中，以某一领域农业生产为结合契机，由龙头企业为生产主导，将农业的产前、产中、产后各个环节，以及类似于农业金融、科研教育等的农业关联产业统筹为一个整体。按照生产分工和协作的要求，参与集聚的农户或企业进行专业化生产、规模化经营。农村产业集聚型融合模式强调发挥主导企业的正外部性，促成集聚区整体的集聚效应，提高农业竞争力。

3. 农业功能拓展型融合模式

我国农业一直承担的是为人类提供生存生产所需的单一功能。近年来，随着城镇化的快速发展，城市人口不断增多。一方面，城市生存环境质量下降，人们对健康问题日益关注，渴望绿水青山，这些只有广大农村可以提供。现代工业文明导致大部分人的共同心理是焦虑和急躁，逃离城市的喧嚣是忙忙碌碌的城市建设者所求的；另一方面，中国人骨髓里流淌着乡土情结，在经济建设颇有成效的今天，人们想念土地气息，也希望自己的子孙后代记住乡村的样子。农业的旅游、文化、生态、社会等价值逐渐被发掘。休闲农业、乡村旅游、农家乐等模式的农村一二三产业融合模式应运而生，使农业的非生产功能得到极大开发。用经营文化的理念、经营乡土情结的理念，培育特色乡村旅游景点和乡村特色产品品牌。

4. "互联网+农业"模式

随着大数据时代的全面到来，"互联网+"战略逐渐运用于各行各业。近年来，"互联网+农业"的新型农业生产模式日益兴起。一是"互联网+"为农业生产销售搭建网络交易平台，以农业为起点，消费者为最终导向，将农产品产前、产中、产后融合为一个生态圈，既解决了供求失衡问题，也降低了农产品流通交易过程产生的其他成本。另外，C2B是定制消费在农产品市场的创新，推动预定农业、认筹农业等新业态的出现，增加农业的客户体验感。二是"互联网+"农业模式下，农业生产利用网络大数据提供的实时信息，保证市场信息的畅通，避免盲目生产带来的损失。农业生产可以依靠网络直接进行订单接收、物流配送、农业服务、网上交易等农业活动，打通供销壁垒。

农村一二三产业融合是农业向现代化发展过程中的必经之路。每个成功的融合模型都值得复制学习，重要的是要认识到农业生产因地制宜的重要性，始终把农民利益摆在第一位，建立完善产业融合各环节主体的利益联结机制，不断清除融合过程中产生的负面影响。

通过对我国农村一二三产业融合发展现状模式的梳理，得到以下三点启示：

（1）因地制宜，发挥区域特色

发展农业生产首先要结合当地地形、气候等特点，选择农产品品种，坚持整体性原则，合理利用农村土地、水域和林地；政府在引进龙头企业、培育合作社时，注重其与当地农业产业的匹配度，统筹新型经营主体与小农户的关系，带动区域农业发展结构的优化升级。

（2）绿色发展，坚持农业可持续生产

农村生态环境具有不可复制性、脆弱性，因此，在发展农村一二三产业融合，利用农村资源的同时，必须以保护农村生态为前提。首先，大力发展各地绿色农产品，培育绿色产业，以绿色为主线，开发周边产品，提高绿色农产品品牌价值。其次，实现绿色生产。一方面，必须积极引导农民和生产者树立绿色发展理念，推广绿色有机肥的使用、绿色灌溉技术的运用等；另一方面，引导消费者树立绿色消费观，减少浪费行为。

（3）科技兴农，促进农业提质增效

发展现代农业最主要的因素就在于现代科技的渗透。农村一二三产业融合要发挥现代科技的引导作用，一方面，坚持科学发展观，构建科技兴农体系。引进实用的农业技术，建立本地农业技术库，不仅要引进技术，更要引进使用方法；另一方面，地方和政府合力创办农民学院，课程教授内容直面现代农业生产所需，实现农业的可持续进步。

第二节　我国产业结构现状分析

改革开放以来，第二、第三产业得到快速发展，并随着经济的发展逐渐分化出不同的产业部门,社会分工越来越细。自2013年以来,我国经济已经进入服务型经济社会。三大产业应当协同发展以适应社会发展的需要,各产业内部也应当不断调整优化。

"十三五"时期,国家通过"三降一补"政策,对国内产业结构进行了优化,倡导环保理念。一些新兴产业在国家扶持下发展势头良好,社会经济发展有了新的增长动能。

2015年—2020年,各产业的比重不断波动,但总体上较为稳定。第三产业的增加值占GDP的比重近六年来平均为59.73%,其从业人员占总从业人员的比值也从2015年的42.4%上升为2019年的47.4%。在2020年,三大产业的增加值比重有着较为明显的波动,第一产业从2019年的3.8%增长为2020年的7.7%。第二产业略有增长,第三产业则下降了8%。

一、我国第一产业发展现状

截止到2020年,我国农业现代化建设取得了显著成果。一方面,粮食产量满足了人们日常的生活需求。我国现有高标准农田8亿亩,在其现代化的生产方式下,保证了粮食的总供给。在此基础上,我国还划分了10.88亿亩耕地,主要用于保障粮食等重要农产品的生产。另一方面,我国农业机械化水平进一步提高,超过70%的农田实现了耕、种、收全流程的机械化。

此外,在农业产业内部,首先,各种农产品的品质结构有所提升,更好地对接市场需求。其次,在农业生产过程中,秸秆等废弃物代替了部分农药和化肥,使得农业生产更绿色。最后,农业产业适应市场需求,延伸出更多的功能:共享农业、体验农业、中央厨房等。自2021年开始,国内对于农副产品的需求还会有所增长,同时对于产品的质量要求也在提高,这将推动农业更好地发展。

二、我国第二产业发展现状

工业发展是我国走向强国的基础。当前,我国已经成为制造业大国,中国制造已经被国外消费者认同，在我国对外贸易中，中国制造占据很大一部分出口。此外，外国看好我国制造业的发展，纷纷进行了投资。我国制造业不仅带动了国内经济，也带动了更多国家的经济建设。随着近几年开展"三降一补"，我国工业结构进行调整，扶持新兴的朝阳产业，由要素驱动向技术驱动转变。

目前，全球正在开始一种不同于以往的工业化进程。我国制造业虽然规模大，但是缺少核心的工业技术。因此，我国不仅要继续巩固发展中国制造，更要投入更多的资金、人才，提高自主研发能力，打造我国独创的核心技术。此外，通过互联网，将工业与其他产业有机融合，可以促进工业进一步发展。

三、我国第三产业发展现状

近年来，我国服务业总体规模不断扩大，是我国经济增长的主要来源，年均产值占GDP一半以上。从服务业内部来看，一方面，传统服务业发展更规范、更便民，从整治街道到夜市经济，从百年老店到社区口的早餐店，等等，都表明传统行业发展越来越好。另一方面，现代服务业兴起，外卖、快递、互联网金融、线上教育等都在使居民的生活更加便捷。

当前我国居民的生活需求、精神需求提高，需要服务业能提高与之相匹配的服务。"十四五"期间，我国在继续发展服务业的同时，也要加强对企业的监管整治，提高从业人员的整体素质，提高服务业的质量，更好地满足人们的生活需求。

四、我国未来产业结构调整面临的挑战

"十三五"期间，我国产业结构在调整优化方面已经取得了很大的成果，但是还有待进一步发展与优化。

首先，不同地区之间产业结构存在差异。造成差异的原因有地区地理环境、发展政策以及科技创新和应用能力的差异。因此，"十四五"时

期，各地区要根据自己的独特优势，加大力度发展经济，扩大经济增长的动力。

其次，产业内部结构仍需优化。在农业方面，较低的农业收入水平造成农业劳动力大量流失。虽然农业机械化以及普及，但农业的经营模式没有得到有效改变，更多的农业经营者无法获得规模经济，只能在自给自足的水平上获得少许收入。目前我国从事农业劳动的主要是中老年人，在信息化时代，年轻人纷纷流入大城市，中老年人则很难充分使用现代机械进行农业生产，制约了农业转型。在工业方面，我国制造业凭借劳动力人口红利，以低生产成本在国际市场上获得了一定的竞争优势，但核心技术的缺乏，一直制约着工业发展。现在人口红利正在逐渐消失，为了构建国内外双循环格局，提高我国高端制造业水准，应当技术创新和研发投入。在服务业方面，我国服务业有很大的发展空间。传统服务业质量水平较低，许多现代服务业还未真正发展起来，现有的服务业水平与国内消费者的多样化需求不匹配。

最后，实体经济与新兴产业需要协同发展。在经济建设时，实体经济是发展的重点，不仅要改革传统产业，使之转型、升级，还要对新兴产业进行扶持，在继续推进中国制造的同时，通过数字和网络技术促进制造业的智能化水平，提高我国产业链的稳定性和现代化水平。尽管新兴产业发展的时间较短，但却带来多个经济领域的变革。目前，我国新兴产业与传统产业融合度不高，不仅无法实现传统产业的升级，也使得新兴产业缺乏发展的基础。考虑到发展多元的经济结构，协同发展新兴产业和传统产业将是我国"十四五"时期产业结构升级的重点，有助于经济更上一个台阶。

第三节　我国乡村产业融合结合现状分析

产业融合是实体产业与金融行业共同发展的有效途径，也可以让数字普惠金融通过产业结构更好地实现金融的包容性增长。

一、我国产业融合的发展现状

我国产业融合主要是由实体产业进入金融业，比如一些企业将对金融机构进行投资或者控股，以自身实体产业的优势完善金融机构的管理，提高金融服务效率；或者凭借自身是资金实力，成立自己的财务公司，除了对本公司的资产进行管理，还逐步向其他金融领域延伸。不仅央企国企积极通过金融方式促进自己业务发展，许多民营企业同样开始走向产业融合之路。但总体上看，虽然我国各产业都在积极参与产业融合，但融合的程度比较浅，整体还处于协同发展的初期，并且实体产业选择进行合作的主要是银行。

二、我国产业融合面临的挑战

为了通过产业融合来实现金融回归实体经济，并进一步改善城乡收入差距，还需解决以下问题：首先，产业结构需要进一步升级。传统产业发展比较成熟，年产量大，但产品质量有待提升。新兴产业基础薄弱，无法从市场获得有效资金支持，发展缓慢。此外，不少企业内部缺乏专业的金融人才，管理层的统筹规划能力不够，无法将产业资本与金融资源有效整合，统一运转。

其次，金融市场发展较慢。一方面，我国股市发展程度低，我国市场对资本的合理配置作用有待加强。另一方面，银行等传统金融机构金融产品的同质化严重，发展模式大相径庭，在当前的金融监管和市场引导下，正在进行改革创新。此外，互联网金融等新型金融机构发展快速但不规范，存在一些监管盲区，需要优化监管体系，加强监管力度，使其可以规范发展。金融市场的不完善，导致产业融合无法深入，小微企业缺乏合适的融资途径。只有当金融市场发展较为成熟，金融资本才能够与产业资本进行良性互动。

最后，需要加强防范和化解产业融合带来的风险。实体产业与金融行业具有各自的风险因素，在二者协同发展的同时，其风险也会相互交叉，造成风险传染。对于实体产业，其在产业融合的过程中，可能会导致产业资本脱实向虚，在金融市场中追求高额回报，不仅影响自己的主营业务，也会出现投资风险和过高的财务杠杆。对于金融行业，当金融资本流入实体经济时，也必然会受到各产业特有生产周期带来的流动性问题，使得资金得不到高效运转。

第四章　我国数字普惠金融发展现状分析

与传统普惠金融相比，数字普惠金融具有新的特征，即通过数字信息技术来帮助提供满足金融服务弱势群体需求的正式金融服务，使得普惠金融可以更高效地服务与适应群体，提高普惠金融水平。在数字经济时代，发展数字普惠金融可以更好地满足经济发展的需要。

第一节　我国数字普惠金融的发展

一、数字普惠金融的发展

在普惠金融的发展过程中存在一些问题，比如在一些特别偏僻的地区，由于金融基础设施不完善而使这些地区的弱势群体不能享受到金融服务，随着我国数字信息技术的发展，各个行业的数字化程度都有一定的提升，普惠金融的数字化程度也得到提升，技术的进步催生了数字普惠金融的发展。数字普惠金融的发展过程可以分为两个阶段。

1. 数字信息技术的发展为数字普惠金融提供技术支撑

数字信息技术的发展为数字普惠金融发展提供了技术方面的支撑，随着我国数字信息技术的发展，数字化已经应用到我国各个行业，为社会提供了很大的便利。随着数字信息技术在普惠金融方面不断应用，我国的数字普惠金融发展有了强大的技术支持。目前我国数字普惠金融主要呈现以下几个特点：

一是数字普惠金融可以打破地理位置的限制，使更多的弱势群体可以享受到金融服务；借助智能平台，数字普惠金融业务不需要去营业网点就可以办理，办理业务的时间也可以不受金融机构营业时间的限制。这些优势将会使得原来受地理因素制约的弱势群体能够及时地享受到金融服务。二是提供数字普惠金融服务的成本降低。与传统的金融服务相比，数字普惠金融由于数字化程度高，很多业务是不需要去线下办理的，只需要借助智能装置在线上就可以办理。对于金融机构来说，不需要工作人员协助办理业务，也无需提供场地办理业务，将会使得金融机构的经营成本降低。对于小微企业等弱势群体来说，可以在任意时间任意地点获得金融服务，减少费用支出。三是借助大数据分析。借助大数据技术，数字普惠金融可以精准挖掘客户的需求，在了解客户需求的基础上，金融机构便可以有针对性地向他们提供所需要的金融服务。利用大数据技术，金融机构也可以提高自身的风险控制能力。

2. 政府鼓励更多的金融机构开展数字普惠金融业务

开展数字普惠金融业务，离不开各类金融机构的大力支持。在这一阶段，以银行为代表的传统金融机构充分借助数字信息技术，加强金融机构的数字化程度，将金融机构的部分业务转为线上进行，不需要去金融机构的线下营业网点。对于金融机构来说，降低了经营成本，提高了办事效率。对于客户来说，传统金融服务中对时间和空间的限制被打破，可以随时享受金融服务，节省时间的同时也能降低成本。这些优势使得传统商业金融机构的数字普惠金融业务能够持续性地开展下去。因此，随着互联网技术与传统金融机构的不断结合，金融机构可以降低经营成本，同时，互联网技术的发展大大提高了金融机构的服务效率与服务质量，为数字普惠金融的发展助力。除了这些商业性质的金融机构外，政策性金融机构也开展了与数字普惠金融方面有关的各项新型业务。总的来说，互联网技术可以通过对客户群体进行精准定位，深入了解客户的金融需求，不断创新自己的金融产品，更高效、更有针对性地为用户推送提供他们所需要的金融服务，金融机构的客户群体会越来越多，同时更新优化原来的产品体系，这也反过来助推了数字普惠金融的发展，为更广泛的群体提供合适的金融服务。

二、数字普惠金融的发展机遇

1. 2020年数字普惠金融发展

2020年初，受新冠肺炎疫情突然暴发的影响，传统金融机构不能线下办理业务，只能将线下的金融业务转为线上办理。同时，员工不能线下上班、产品不能线下生产、产品不能线下销售，小微企业与金融机构的业务也不能线下办理等，这些因素将使一些小微企业不能正常运行。而发展数字普惠金融则能解决金融机构和小微企业之间不能线下办理相关业务的难题，无需线下接触，可以通过线上办公的模式为其提供低成本、便捷的金融服务，特别是"无接触"的线上贷款已成为当前金融机构对小微企业提供信贷支持的重要方式。

2. 政府支持对数字普惠金融的发展提供保障

金融的持续健康发展对我国经济发展是十分重要的。我国正式提出普惠金融之后，普惠金融得到了迅速发展。随着普惠金融与数字信息技术的不断结合，数字普惠金融应运而生，数字普惠金融可以向小微企业、农民等弱势群体提供低门槛的及时的金融服务和金融产品，将有效解决这些群体一直以来存在的融资难题。我国政府高度重视数字普惠金融的持续发展，引导相关金融机构积极开展数字普惠金融业务，同时我国政府也引导相关部门出台了一系列优惠政策，为数字普惠金融的发展提供良好的环境。政府出台一些有利的政策可以引导和鼓励更多的金融机构积极开展与数字普惠金融相关的各项新型业务。从供给侧方面来看，首先，央行采用较为宽松的货币政策，银保监会出台相关政策，引导金融机构帮扶小微企业，如延缓付息等均可以缓解小微企业原本的压力。其次，银保监会引导金融机构开展线上普惠金融业务，提高了金融服务的数字化程度。最后，工信部加强建设基础设施，为发展数字普惠金融提供技术支持。从需求侧方面来看，首先，财政部等部门出台相关政策，有效降低小微企业的经营成本。其次，改善弱势群体对数字金融服务的使用情况，如利用数字消费券刺激消费。最后，部分企业采用针对弱势群体的优惠政策，如降低价格、减免租金等形式，降低这些人群的生产生活成本，进而刺激对数字普惠金融服务的需求。

3. 数字普惠金融的客户群体较多

传统金融考虑到违约的可能性较大，不愿意向小微企业以及一些弱势群体提供一些信贷支持，因此，一些弱势群体和小微企业很难从以银行为代表的传统金融机构获得资金支持。而数字普惠金融正好可以解决这一问题，数字普惠金融可以向这些群体提供低成本、低门槛的金融服务，因此有很多客户群体需要通过数字普惠金融获得所需的金融服务。数字普惠金融具有较强的客户黏性。通过政策引导，原本难以获取资金的企业获得了更多的资源，提高了客户黏性。

4. 我国的数字化转型加快

我国数字信息技术和大数据等技术的出现，数字化产业快速发展，全社会的数字化转型正在开展，这些都将为数字普惠金融的发展提供技术支撑。从政府的角度来看，我国政府通过数字化转型可以提高自身的办公效率，更好地为企业的发展提供支持和帮助。从企业角度来看，企业可以通过数字化转型改变原来的经营模式，提高管理水平。例如，2020年以来，许多企业多选择将销售渠道由线下经营转为线上销售，从而带动了员工工作方式的数字化转型。

第二节　我国数字普惠金融的指数化

就全国层面而言，我国数字普惠金融的发展水平快速发展，从2011年的40.0到2018年的300.2，增长了6.5倍。分地区来看，则数字普惠金融在各区域之间发展不平衡。东部地区发展最好，从2011年的59.2上升为2018年的327.8；中部地区从2011年的31.6上升为2018年的289.8；西部地区则从2011年的27.8上升为2018年的281.2。发展不平衡的主要原因是地区之间的基础条件、经济发展水平差异。经济发展越好，地区产业和居民对金融的需求越大，数字普惠金融发展越快。

一、数字普惠金融发展模式

在数字化技术的推动下，数字普惠金融逐渐探索出针对不同目标用户、不同应用场景的具体实践与发展路径，形成了各具特色的发展模式。以下是几个具有代表性的发展模式：

首先，网络支付模式。与传统现金支付模式相比，网络支付更加便捷。随着第三方支付的迅速发展，乡村居民也纷纷学会了网络购物。2020年，我国拥有了8.54亿的网络支付用户。在网络支付机构的商业竞争中，网络支付逐渐渗透到了生活的各个场景，如水费电费、医保、交通出行等。此外，利用大数据技术，网络支付机构可以收集用户的使用数据来提供更专业化、个性化的服务。通过网络支付，数字普惠金融在广度和深度上都有了较大的发展。

其次，互联网理财模式。互联网理财增加了市场上的理财渠道。现有的互联网理财平台可以分为：金融信息服务类平台、金融产品销售平台和资产管理类平台。通过互联网，各金融机构纷纷针对不同的理财需求设计出具有针对性的理财服务，并且低成本、流程简单、操作方面等特性吸引了更多的潜在客户。

再次，互联网保险模式。随着保险行业线上销售渠道的发展，互联网保险模式逐步发展起来。根据银保监会的数据显示，2014年至2019年，我国互联网保险行业总规模从858.9亿元急速增长到2696.3亿元。通过对产品的创新和从投保到理赔全流程的优化，互联网保险推动整个保险产业链的升级。通过互联网保险模式可以提升居民的保险意识，促进保险市场多元化发展，有助于保险行业的可持续发展。

最后，农村金融模式。在乡村振兴战略下，一方面，银行为农村企业和个人提供较为快捷的小额信贷。另一方面，互联网金融机构则为农村小微企业补充供应链金融等新型产品和服务。此外，农村各银行网点也纷纷大力开展金融教育宣传活动，指导居民更合理地使用资金。

二、数字普惠金融发展面临的挑战

虽然我国数字普惠金融已经有了一定的发展，但是尚未充分发挥对社会经济的推动作用。当前我国数字普惠金融的发展面临着以下挑战：

首先，数字普惠金融在农村发展缓慢。农村常住居民多为中老年人。这些老年人知识水平有限，对互联网、智能设备的接触有限，使用更多的是老人机。而农村中年群体接受能力强，可以熟练使用智能手机获取信息并了解外面的世界，但受传统思想的约束，在金融方面，他们依旧只相信银行，对互联网保险、理财较为排斥。

其次，数字普惠金融发展不充分。对于银行等传统金融机构，尽管在政策指导下纷纷出台了一系列措施，但银行基于资金安全性、流动性和收益性的考虑，小微企业的融资问题有待进一步解决。此外，不同地区之间数字普惠金融发展不平衡，数字普惠金融体系内部发展也不平衡。

最后，对于数字普惠金融的监管制度有待完善。利用数字技术和信息技术等现代科技，许多互联网金融机构在国内市场得到了较快发展。在这些机构的发展中，监管机构难以快速、有效地实施监管。

第五章 我国农村产业融合发展
动力机制和机理分析

第一节 投融资机制

长期以来，农村经济发展比较落后，导致农村没有资本进行更好的发展，而农村产业融合发展过程中需要大量的资金投入，仅仅依靠国家和地方财政和税收支持是远远不够的。因此，我国进行农村产业融合发展时应鼓励社会资本投入，引导社会资本全产业链进入农村产业融合发展中。一是创新农业投入的新型融资方式，鼓励社会资本加入农村产业融合发展，支持社会资本以众筹模式、互联网+模式以及同政府合作等方式，投资现代农业、特色农业、休闲农业等领域。二是鼓励工商企业发挥技术、市场和资金优势，参与农村产业融合，大力支持符合上市条件的龙头企业通过多种方式上市融资，加快自身发展。三是将社会资本及其全产业链列入产业融合主体名单中，让参与农村产业融合发展的社会资本可以得到同其他产业融合主体同样的待遇，包括政策倾斜、财税优惠补贴，以及其他惠及农村产业融合发展的有利条件。

一、财政政策

要建立完善的促进农村产业融合发展的财税支持政策，明确支持主体及重点，对于带动农民就业增收作用显著，尤其是对于农村产业融合程度较深的龙头企业或合作组织给予财政补助或基金支持。调整和完善有利于农产品加工业发展的支持政策，财政资金的使用方向应根据农业发展的实际做相应的调整与完善。把发展农产品加工业与定向建设农产品生产基地统一起来，做到统一规划、建设配套；在税收政策上让利于企业，为融合性产业发展的相关企业提供减免税费等优惠；对于农产品加工企业所得税基在20万元以下的免征所得税，进而减轻企业负担，促进农产品加工业健康发展；在用地政策方面，对于分布在乡镇区域的农产品加工企业，应将厂房等建设用地视为农村建设用地，不受占补平衡指标约束，审批优先；在资金支持方面，政策性银行的资金应向农产品加工业倾斜。我国在政策性支农资金安排的基础上，可将欠发达及不发达地区的农产品加工业纳入信贷供给范围，并确定一定比例，用于支持农产品加工业的发展。与此同时，应进一步研究推进改革农业补贴制度，使补贴资金真正向种粮农民以及家庭农场等新型农业经营主体倾斜。

二、金融政策

金融政策是推进我国农村产业融合发展的关键所在，应重点解决融资难问题。一是完善农村金融服务体系，支持金融机构增加服务供给。强化商业性金融支农责任，更好地发挥政策性金融和合作性金融的作用；进一步开放农村金融市场，尽可能增加村镇银行、农民资金互助社等新型农村金融机构数量；创新金融产品，开展产业链融资服务。二是拓宽我国农村融资渠道。鼓励社会资本参与农村产业融合发展，加大对涉农企业发行企业债、中小企业私募债、集合债等发债规模的支持力度。三是完善我国落实农村信贷抵押担保政策。探索集体经营性建设用地使用权、宅基地使用权、农业附属设施等纳入贷款抵押办法，推广以农机设备及承包土地收益权等为标的的新型抵押担保方式。

第二节　创新激励机制

在农村产业融合时，农产品加工业发展的规范化与规模化尤为关键，目前农产品加工规模和生产存在显著的不对称问题，而这与农产品加工性能较差的特点存在很大联系，大型龙头公司并不多，尤其是大型特色农产品加工公司更是稀缺，使得农产品类型复杂并且繁多，品牌影响力降低。中小型公司由于资金、技术、设置等各个方面存在不足，使得农产品加工业存在劣势，不具备较高的综合运用率，不能实现规模化、规范化与专业化生产。鉴于此，目前农产品加工的能力与规模在农产品产量的层面上并没有得到很好的体现，农产品还是主要以初级农产品的模式进行售卖或是出口，产品附加价值较低，或是不具备产品附加价值，使得农村产业融合进程的推进存在较大困难。因此，一定要重视科技资源与人才的引进，如此农业生产加工机构和科研机构才能够进行规模化、规范化的协作关系，使得公司的农产品生产运营技能得到提升。

首先，公司加工率较低会在很大程度上影响农村产业的开发，不断提升招商引资的程度，使得市场价值较高的外部农产品加工公司能够进入农村，并且辅助当地模范企业，并基于此，促进当地企业发展，扩大农产品深加工的规模，并且使产品的附加价值得到提升；其次，应该在政策、资金与技术这三个层面上扶持农产品加工公司，渐渐使得农产品知名公司与知名品牌得到更好的发展，不断促进农产品品牌之间的合作与整合，如此不但能够使农产品加工水平得到提升，还能够使农产品精深加工实现规范化与规模化特点，尤其是要强化企业副产品综合加工的竞争力。

第三节　收入分配机制

建立一个合理的、科学的让各方都有满足感、幸福感的利益分配机制，能够有效地推动农村经济发展，助力乡村产业振兴。农村产业发展的过程其实主要是农业和其他产业融合的过程，详细地说，就是农村产业发展中的各类主体进行融合发展的过程。

构建合理有效的利益分配机制，就应该结合农村地区的具体情况，因地制宜、因村制宜，从实际出发。一是要在农村产业发展的过程中，积极开展以股份合作制为主要形式的产业企业，加深各农村产业发展主体的合作程度，让他们相互参股，一起分红，共享产业发展带来的成果。二是要积极探索农村宅基地"三权分置"改革，充分发挥农民自主性，让他们也能够参与到农村产业发展的实践中，通过自身的经营管理就能够得到收益，这种直接的获益方式更能够被广大农民所接受。三是要保证农村合作社、农业企业能够按时正常地向参与的农户进行分红。一般情况下，大多数农户对于分红、利润返还都存在着多多少少的担心，对于自己能否得到收益或能够得到多少收益并不确定，因此，建立合理的利益分配机制，能够有效保护农民的利益，也有利于相关企业的可持续发展。虽然在进行利益分配机制构建时主要是以保障农民的利益优先，但这并不是忽视农村产业建设中其他主体的利益，也并不说明其他利益主体不重要，只是考虑到在利益分配中农民是更为弱势的一方，所以，在建立利益分配机制时，更多地考虑的是农民能否从中获取收益，因为只有在最大程度上保护好农民的利益，才能够称之为实现了相对合理的利益分配。

第四节 数字化普惠金融服务乡村的作用机理

一、数字化技术助推普惠金融发展

1. 数字技术蓬勃发展

现阶段，我国不断推进数字乡村建设，网络提速降费工作稳步实施。按照2020年国家经济决策部署，要坚决贯彻落实国家网络提速降费的有关要求，扎实推进互联网服务工作，满足群众对信息通信技术不断增长的迫切需求，持续做好互联网的运维和改造，统筹推动4G和5G协同发展。2020年，我国各省市移动电话用户为15.94亿户，较上年净减728万户，移动电话普及率达113.9%；网民总体规模为9.89亿，在全球网民规模占比超过50%，互联网普及率达70.4%，其中，青少年和老年群体在网民整体中占比18.1%，农村网民规模为3.09亿，占网民整体的31.3%。从以上数据可以看出，移动互联网在农村地区初具规模，基础设施服务网络逐步向全区域覆盖、普惠共享化迈进，有助于进一步激发农村地区移动互联网支付潜力。

2. 农村流动人口成为中坚力量

现行的户籍制度导致农村地区出现城乡间人口频繁流动现象，并因交通运输方式的增加，此现象正在逐渐加剧，随着农村就业机会的减少，越来越多的农民选择长期性地在外务工，并在更发达的地区定居，所以出现了一些独立性较强、消费理念先进的农民群体。这部分人群大多有着初高中以上学历，对于新鲜事物的接受能力较强，开始将购物习惯从线下转向移动支付，切实感受到了移动支付带来的便利，又因在农村地区拥有属于自己的关系群，难免涉及到向农村资金转账汇款、水电费代缴等业务需要，因此，这部分人群逐渐成为农村金融消费支付的中坚力量、农村普惠金融服务宣传的有力军。据有关统计数据显示，2018年，我国农民工群体占全国农村人口总数的51.06%，其中外出农民工1.73亿人，占全国农村人口总数的30.67%。

3. 数字技术的有效应用

数字技术具有随时携带的移动性，不受地理、时间等因素制约，可供快捷的普惠金融服务和灵活的支付渠道。移动支付的快速普及为互联网普惠金融服务提供了硬件条件，通过互联网平台提供多样化普惠金融服务，如智慧票务、费用代缴等，增加农民支付选择，满足农民不同生产生活需求，让农民生活更加便利。此外，在传统支付方式基础上进行升级，以移动支付的方式代替现金支付，将数字技术应用于小零售支付场景，如就餐、购物等商户收款场景，拓宽惠民金融领域。数字技术的有效应用，可在一定程度上降低信息传递成本，有效破解农民信贷难题，真正让贫困地区农民享受便捷优质的普惠金融服务。可利用数字技术搭建农产品销售平台，带动当地特色农产品销售，使农产品就地增值，有效实现农民增收。

4. 推进数字技术政策导向

在金融机构同有关部门联合推动下，我国数字技术发展迅速崛起，在使用规模上已居世界领先水平，且随着二维码支付、人脸识别等方式的出现，数字技术开始在全国范围内应用和普及。据有关调查显示，2019年，共有71.1%的受访商家通过以二维码或条形码的方式进行移动支付收款，在各类方式中占比最高。支持智能POS机的受访商家占比43.2%，支持NFC支付的受访商家占比41.3%，而支持刷脸支付的比例也已达11.6%。在农村地区，移动支付等技术方式有着广泛的受众群体，未来的金融业务发展潜力也很大。随着国家政策的正确引导，数字技术的应用场景将拓展到人们生产生活的各个方面，未来数字技术在农村地区的使用将更为频繁。

二、数字化普惠金融服务乡村的作用机理

通过数字技术的应用，一方面，随着农村地区互联网普及率的提高，给金融不甚发达的农村带来了更便捷的金融服务，使得金融服务能够更精准地送达到有需要的人群，拓展出更多的消费方式，提升了农村新型需求，对农村居民消费结构升级也产生显著影响。另一方面，借助大数据信息共享，拓宽农民获取金融资源信息渠道，提高农民运用普惠金融的能力，达到了减缓贫困的目的，对推动乡村产业振兴产生了直接性影响。通过降低农业经营主体的交易成本、管理成本和渠道成本，提高征信和风控能力，实现金融资源有效配置，增加普惠金融服务的有效供给，并基于农村第一产业，实现同农村二三产业共同发展，进一步促进经济包容性增长，缩小城乡经济差距，从而实现农村贫困人群增收，间接推动了乡村产业振兴。

第六章 我国农村产业融合发展模式分析

第一节 交叉性融合模式

一、增强产业融合主体活力，促进产业结构升级

在农村产业融合发展的过程中，农业龙头企业带动农民加入到产业链延伸的方法，无疑提升了农民承担市场风险的能力，也促进了农民经营能力的提高，但随着农民数量增加，企业与农民之间需要新型的产业融合组织来衔接，应鼓励和支持家庭农场、农业合作社的发展，确保产业链延伸性的农业产业融合模式中农民与企业的地位对等，沟通畅通。这样可以把规模小的、生产相对分散的农民集中起来，成为相对稳定的产业融合主体，还可以通过家庭农场和农业合作社开展"商超对接"等农产品直供的销售方式。

我国农产品加工业中的大型企业应当利用好自身的资源享赋和优势，利用市场要求推动产业链的延伸和升级，提高企业在市场中的竞争力，不断做大做强，尤其是龙头企业，通过提高创新能力和引入技术革新等方式，摆脱低端的农产品加工制造环节，发展精加工和深加工，提高产品的附加值，使农产品的加工制造产业链更加符合现代农业的要求。中小型农产品加工企业在原料和产品上一般都存在竞争与合作的关系，相对于大型企业，中小型企业在技术、产品的竞争力和品牌的打造上都相对弱势，如果中小企业间互相存在恶性竞争的情况，不仅不利于自身发展，还会影响整个市场环境，阻碍产业发展，因此，更应该将相同领域的中小型加工企业集聚到农业产业园区中，设立相关行业规范，促进企业间的良性竞争，

共同打造区域性的农产品品牌。

二、深化产业融合主体的利益联结机制

利益联结机制是评判产业融合深度的重要标准，一二三产业间的利润分配很大程度上是靠利益联结的方式来决定的，一二三产业融合就是为了打破利润分配的壁垒，使二三产业环节的利润能够被第一产业分享。"订单制""合作制"的方式，农民的收益在订单签订和合作展开前就已经被确定，这显然使得农民获得的收益有限，且风险依然由农民承担。要想深化产业融合的程度，一方面要规范订单合同的签订、促进合作订单的稳定，更重要的是开展股份制合作，农民可以以信贷资金入股、土地入股、产品和劳动力入股，以明确的入股财产作价，形成利益联结紧密的合作关系，逐步推动利益联结机制由松散向紧密的方向发展，形成利益共享、风险同担的合作形式。

在深化利益联结机制的过程中，企业应负起相应的社会责任，在促进订单制和合作制稳定的同时，积极响应和配合股份制的建立。在这个过程中，可以开展"订单+分红"的形式进行过渡，可以选择签订梯度式的合同，或根据市场的变化随行就市进行供销。同时，政府也应在尊重农民意愿的情况下，引导农民在与企业合作时选择利益联结方式更为紧密的合作形式，在不改变土地承包经营权的前提下以土地入股。

三、充分利用农业的多功能性

合理地开发和利用农业的功能，依托于生态景观和特色民俗文化，发展现代农业、休闲农业和乡村旅游，利用当代消费者渴望亲近自然，追求绿色健康的心理，打造农村特色餐饮服务业、观光旅游和康养业。发展乡村旅游观光业，应注意完善餐饮住宿的条件，开展依托当地的自然资源和文化氛围，打造地域旅游文化特色的产品、纪念品。培育特色小镇、民俗村等独具特色的民俗旅游形式，旅游产品要摆脱"零散化""个体化"

的局面，同一区域间的各个乡村旅游经营点间应加强合作和联系，增强整体区域的集聚性，打造地方特色的旅游文化节，开展具有代表性的旅游文化活动。

重视农业的生态功能和环保功能，始终坚持"绿水青山就是金山银山"的理念，在开发农业功能的同时注重生态环境的保护，发展循环农业、生态农业，追求农业的可持续发展，土地资源、水资源、湿地资源等生态资源都是不可再生的，在发展乡村旅游时应该保护村庄、山野田间的资源与环境，避免过度开发造成破坏。

四、加强农村地区基础设施建设

农村的基础设施建设是农村一二三产业融合发展中的一个重要条件，基础设施不完善很大程度地限制了乡村旅游、休闲农业和农产品电子商务的发展进程。基础设施建设属于公共物品范畴，基础设施的建设离不开公共财政的扶持和帮助，现阶段政府应该加大对我国乡村基础设施建设上的资金投入，如道路设施、网络信息化设施、仓储和物流设施等。

现代农业物流对道路和运输能力要求很高，因此要不断改善农村道路的质量，提升公路等级，在做好村村通路的同时，解决道路维护的问题，加强村镇道路的运输能力。在仓储和物流条件的改善上，加强对农产品电商产业园的建设，增加产业园区的储藏空间，增加保鲜库、冷藏库等高水平的现代化仓储基地。同时也要增加冷藏车等冷链运输相关的物流载具，提高改善物流能力，确保生鲜农产品在运输过程中损耗降到最低。

第二节　重构性融合模式

乡村振兴关键要依靠产业振兴，而产业充满活力就要借助于互联网技术等发展新业态。农村电商是农产品销售的重要途径之一，通过电商发展推动农产品销售。只有当产品销售出去，实现价值，才能保证农民的切实增收，推进乡村振兴。同时，加强电商平台与农户之间农产品需求与供给信息的交换，做好农产品相关信息工作，促进农产品销售。构建县乡村三级电商平台工作团队，工作团队主要在乡镇一级电商平台工作，在有农产品收购需求时下沉至村一级电商网点收缴产品。通过建立"三位一体"的电商平台工作框架，实现对电商平台中人才资源的有效整合利用，进而更好地推进农村电商的发展，使农村电商发挥更大的价值，带动农村一二三产业融合发展，为乡村产业振兴注入活力。

第七章　我国农村数字化普惠金融发展现存问题分析

第一节　金融排斥程度严重

目前，我国数字普惠金融发展还处于初级阶段，相对于其他沿海经济发达省份，未来数字普惠金融发展潜力较大。但从目前来看，一方面，我国农村地区受经济发展水平、地理位置等因素影响，尤其在我国偏远落后的农村地区，对互联网技术的认知程度普遍不高，金融机构网点的地理覆盖率也普遍偏低，极大地削弱了农户使用互联网金融的意图，导致各地农户对金融机构的熟悉程度以及对金融产品的了解有很大差异，由此造成互联网金融可用率不高，使得互联网金融机构的盈利能力堪忧，进而影响到农村金融机构设置网点的积极性，最后陷入恶性循环，不利于数字普惠金融在农村的大力发展。另一方面，我国农村金融机构潜藏的不良信贷风险也不容忽视。传统农业生产和销售受市场和渠道的制约，其风险可控性差，涉农贷款在农村金融机构信贷业务中违约的概率相对较高，使得农村金融在信贷方面承担着较大的安全性风险，且农村金融机构为实现资本最大限度地增值，在发展普惠金融时往往会面临诸如信用危机和资本不充实的困难，金融机构难免受到冲击，因此在推动我国数字化普惠金融发展过程中积极性不高。

第二节　有效贷款需求仍弱

近年来，我国外部经济环境持续低迷仍在延续，行业龙头的盈利水平和稳定性增速缓慢，使得农村地区中小微企业生产经营面临一定的资金困难，部分金融机构的互联网金融贷款业务开展与银行风险控制要求仍有一定差距，存在信贷风险隐患。我国通过加强金融供给侧结构性改革，建立创业孵化基地和项目，释放了大量的商业机会，但因国内金融机构的贷款准入门槛普遍过高，大部分商业银行都要求产业项目在初始阶段提供抵押、担保等硬性条件，此外，这些创业项目的前期投入还面临着投资风险、资金短缺问题。与此同时，部分金融机构对小微企业的贷款业务拓展存在一定的抗拒感，对于本身的资产业务风险相对较高的中小微企业贷款审批权力有限或没有，对于优质贷款只愿被投放到风险相对较低的项目。

第三节　普惠金融产品创新不足

由于在农业生产经营领域投资大、成本高，导致我国农村地区普惠金融产品和服务较少，农户普惠金融产品的多元化以及农户金融服务的多样化需求得不到满足，难以切实保障数字化普惠金融的有序推进。此外，由于信息不对称而引起的信贷资产质量低下等信贷风险，导致金融机构不愿向农户和中小微企业贷款。尽管部分金融机构在少许乡镇中设置了网点，但由于缺乏市场竞争和专业的金融人才，使得农村金融机构所提供的普惠金融产品缺乏创新的主动性。同时，农村地区金融环境不佳，数字技术应用率不高，在开展农村普惠金融产品创新过程中，没有实现普惠金融产品与服务的推广运用。可以看出，我国数字普惠金融发展缺乏必要的产品创新基础，创新支持力度不足。

第四节　金融专业人才严重短缺

据有关数据显示，近年来我国大学生就业率超过50%，省内大学生就业率不到50%，更多大学生选择其他地区一线城市，因此无法满足农村金融机构的基础性人才需求。内部符合金融专业水平要求的人才较少，普惠金融服务质量降低，使得农村金融机构的业务扩张难以实现，若金融机构专业人才不具有较高的专业知识和服务能力，将不利于普惠金融产品营销渠道拓展。此外，农村地区因生活环境恶劣，条件艰苦，常住人口少，难以留住金融专业人才，农村金融机构服务人员比例表现出增长率下降的趋势，使得农村数字化普惠金融发展依旧面临较大的困难。

第五节　政府监管政策落实不到位

如今，我国数字化普惠金融发展程度已逐渐走向成熟阶段，但是在传统金融服务监管方面，对其领域的监管力度并不强，环节相对薄弱。一是我国数字化普惠金融在推动乡村振兴中监管机制并不完善，虽然对于目前其发展过程中已经存在的问题，相关政府职能部门已提出针对性的监管规则，但是我国数字普惠金融的监管法规问题仍较为突出，数字普惠金融的业务开展存在许多挑战。二是数字化普惠金融在助推乡村振兴中面临农村金融机构监管瓶颈制约。数字化普惠金融发展使得各行业、各企业间的界线不明，提高了监管成本，同时增加了各类风险。

第六节 农村一二三产业融合发展问题及成因分析

一、农村一二三产业融合发展存在的问题

结合国内已有关于农村一二三产业融合研究调查文献，我国农村一二三产业融合过程中主要存在下列问题。

1. 农村一二三产业融合度低

我国农村一二三产业融合发展实践如火如荼地展开，整体上取得了一定成效，但仍处于低水平、低层次融合状态，主要体现在以下三个维度。

我国产业融合发展中产业链过短，真正做到一二三产业融合发展的比例很低。实践中，直接将农业作为原料输出地，第二产业或第三产业经营主体担当主角，要么直接对农产品进行简单加工或包装，要么以零售或者渠道的形式直接面向消费者。以现行农业+旅游模式为例，多数地方在发展过程中偏重餐饮、娱乐等商业设施建设，只是将饭店和KTV等休闲娱乐场所在空间上从城市搬到农村。不注重对农村风土人情的发掘和利用，忽略乡村土特产品的加工抑或只是粗放加工。这样的融合发展仍然只有第三产业创造收益，并未将农业、加工业纳入同一价值链中，未能带动当地产业融合发展，一定程度上侵占了农业和加工业的发展资源。

我国农村一二三产业融合发展结构不完整。农民在这样的融合发展中，获得收入的渠道仅为工资性收入和销售农产品原料收入，无法达到增收目的。这样的融合发展从效果上来看也仅是工厂位置在空间上搬到农村，对当地农业和服务业的带动作用十分有限。

我国农村一二三产业融合发展中产品附加值低。目前我国农村一二三产业融合虽然模式多样，但在融合质量上还有很长的路要走。实践中，一二三产业融合发展量高质低，无法形成打动市场的品牌，产品溢价率低。农产品仅限于加工企业的初次加工，缺少深加工，农产品附加值普遍

低于精加工的工业品。例如，很多以旅游为主打的产业融合发展区域都有销售当地特产的传统，但这些特产大多是农产品初级加工产品，产品差异性不强，可替代性大。真正能代表地方特色的产品少，产品品质不佳。对地方特产潜力挖掘不够，难以形成真正的品牌效应，无法收获高附加值。

2. 融合主体量高质低

农村一二三产业融合发展主体主要有种养大户、家庭农场、龙头企业以及专业合作社。2019年4月发布的《国务院关于乡村产业发展情况的报告》（以下简称《乡村产业报告》），显示我国融合主体数量攀升。农业产业化龙头企业8.7万家，其中1243家成为国家重点龙头企业。截至2019年2月底，登记在册的农民合作社已逾218.6万家，家庭农场数量业已达60万。

我国产业融合发展起步晚，融合主体出现时间较短，尚未累积丰富的实践经验。现阶段，我国存在发展不平衡、不充分的问题，体现在新型农业经营主体上，即为个体和地区差异大，融合发展主体量高质低。

种养大户在农村拥有相对先进的生产力，集约和规模化程度较高，同时也普遍存在资金实力弱、抗风险能力低、自主创新能力缺乏、基础设施建设困难等一系列问题。家庭农场是发达国家农业生产的主力军，但我国家庭农场起步晚、规模小，普遍存在资金、技术和管理三难困境。合作社立足农村，在农村一二三产业融合中起着纽带作用，但现实状况下，我国多数合作社设立不规范，管理不科学。而作为农村一二三产业融合的主力军，部分龙头企业处于缺政策少资金的尴尬境地。由于是社会资本下乡，有些地方政府过度干预，龙头企业发展束手束脚。与此同时，城乡二元结构的存在使社会资本难以对农村产生稳定预期，后续资本注入难以持续。

3. 产业基础设施薄弱

作为农村一二三产业融合发展的物质基础，基础设施建设不到位，产业融合发展的血液就无法自由流通，势必会影响融合发展的速度和质量。目前我国产业基础设施建设主要存在以下问题。

交通运输类基础设施供给失衡。截至2017年底，我国农村公路里程已达423.31万公里，村镇道路占比58.2%。以农村村村通公路计划为例，虽然在里程数上成效卓著，但道路设计宽度普遍较窄，大部分农村硬化道路宽度仅限家用车辆单向行驶，无法满足大型货运需求，难以形成对产业融合发展的有效助力。同时，交通运输类基础设施建设仍极度匮乏，这类区域道路管网密度低，通达不畅。一些拥有较好农业资源的地区地理位置偏僻，通达、通畅任务繁重。受交通运输类设施限制，乡镇很难建设农产品集散中心，农业产品和其他生产要素无法高效、高速流通。

能源动力类基础设施供给乏力。供水、供电、供气、网络通信设施建设不到位，加大了企业建设成本，企业进驻意愿被削弱。以电力供给为例，农村大部分地区电力设施陈旧，电路负载力有限，很难满足二三产业发展对电力的要求。基础设施维护管理难度大。农民在基础设施建设和维护方面普遍依赖政府，缺乏主动意识。农村基层自治组织能力有限，很难胜任基础设施的维护管理工作，致使部分设施长期处于功能受损状态。

4. 技术要素助力有限

科学技术是第一生产力。工业革命以来，科技的运用在大幅提高生产力的同时节约了生产成本。农村一二三产业融合发展中，科技势必会成为其高速高质发展的强劲动力。但就目前情况而言，技术要素在农村一二三产业融合发展中助力有限。

目前农村一二三产业融合发展对技术的引进和运用率不高。2017年，全国有产品创新的企业有14.7万个，其中农产品加工企业中有产品创新的企业有40 840个，占全国创新企业的27.7%；二三产业产品创新企业约占全国72.7%。可见，农村技术引进和运用是目前我国农村一二三产业融合的一大难题。

5. 利益联结松散

自开展农村一二三产业融合实践以来，利益联合机制和合作发展机制趋于多样化，分别出现合作制、股份制和合同订单制等。经营组织可根据实际情况选择一种形式，也可多种形式并存。尽管利益联结形式多样，但一定程度上缺乏力度，各主体各自为政，合作共享流于表面的情况不在少数，难以形成农村一二三产业融合发展的合力。

合作制是产业融合中常见的联结机制，能提高农业规模经营水平，增强农户在市场中的议价能力。但我国合作组织起步不久，组织化程度低，在实践中存在一些客观困难。经营企业、农户和合作组织之间利益分配是敏感问题，难以进行有效监管，各主体间容易产生争端。进入无门槛，退出无惩罚，沟通成本高，合作社大多处于松散状态。

合同订单制是农村一二三产业融合中各利益主体通过签订合同的形式，各自履行义务和享受权利，即一种价格形成机制。然而价格随市场供需波动较大，订单农业下农户和企业都将面临市场波动的风险，双方违约几率较大，无论哪一方违约都会对另一方造成巨大损失。

股份合作制结合了股份制和合作制的优势，农户既参加劳动又参与分红，是相对规模效应较好的一种利益联结机制。但就目前实践来看，股份合作制组织相对复杂，在农村现有的组织水平下，采取股份合作制的案例较少，普及度偏低。

"农民增收，农业发展，农村发达"是乡村振兴的必然结果，也是农村一二三产业融合发展的最终目标。利益联结机制是产业融合发展的关键所在，完善利益联结机制是农村一二三产业融合发展的重中之重。

6. 农业生产性服务功能单一

农业生产性服务包括但不限于信息服务、生产资料供给服务、生产技术服务、农业废弃物资源化利用服务、农机作业与维修服务、初加工环节服务和营销服务。就目前实践来看，尽管各地有实践主体不自觉地承担了农业生产性服务职能，但提供的服务功能仅限于生产资料供给、生产技术服务、农机作业与维修服务，且服务水平普遍偏低，无法涵盖农业全生命周期。

实践中，生产资料供给服务通常由私营业主承担，一般每个镇会有专门售卖农药、化肥、种子的商铺，除此之外，无法提供更多服务。生产技术的服务主要由当地农技部门提供，主要集中在农业技术推广和病虫害防治方面。农机作业与维修一般由私人或者农机合作社承担，提供的服务集中在收割、犁地和播种方面。需要注意的是，农机作业服务区域多为农田集中连片的规模经营区域，在地块细碎的小农户经营区域，农机作业服务缺位。在市场信息服务、资源再利用、农业初加工及营销服务等方面，现有的农业生产性服务尚未有效覆盖，实践中也未形成专门的、成规模的承担以上职能的组织或个体。综上可知，实践中尽管有部分机构和个体承担了生产性服务提供者这一角色，但农业生产性服务功能仍过于单一。

二、农村一二三产业融合发展问题成因分析

1. 农村一二三产业融合发展重"相加"轻"相乘"

产业融合是"$1 \times 2 \times 3$"的乘数关系，而非"$1+2+3$"的加数关系。就现实情况来看，我国多数产业融合发展仅为简单的加和关系，未能真正通过技术创新和信息化打破一二三产业之间的界限，做到三次产业的深度渗透。产业链延伸上存在产业主体脱节现象，部分产业融合是"一产+二产"忽略三产，抑或"一产+三产"忽略二产，三次产业融合实力不均衡。在融合关系上，大多处于粗放链接阶段，未能形成实质意义上融合发展的产业链。

2. 农村一二三产业融合主体成长内外受限

新型农业经营主体整体质量偏低，主要在于自身条件限制和外界环境限制。我国新型农业经营主体中，家庭农场、种粮大户和专业合作社占很大比重。实践中，这些经营主体的实践者都是由农民成长为经营主体负责人，在生产经营中容易"唯经验论"，对科学的管理办法认识不足，缺乏学习和引进科学管理制度的动力。我国农村一直以来向工业输送原料，自身竞争力不足，在加入国际贸易的大环境下，农村农业更是容易受到国际农业贸易的冲击，农业对于进入市场始终带着畏难情绪，市场化程度低，市场配置资源的决定作用在农村体现不完全，导致农民和经营主体在进行农业生产中积极性、创造性不足。

我国农业相较于二三产业综合能力较差，社会各界对农业的支持和关注近年来才逐渐凸显。政府给予的政策支持力度不够，农村公共设施建设投资低于城市，农业产前、产中、产后的公共服务平台建设缺位。在经济服务供给上，针对新型经营主体的经济服务严重缺位，新型经营主体融资难、融资成本高等问题突出，尽管我国已经开展系列改革试点，但是在实践中仍困难重重，严重限制了农业新型经营主体发展壮大。

3. 产业基础设施缺规划少资金

（1）产业基础设施缺乏科学系统的规划

交通网、电网等建设随意性较强，重复建设现象严重，造成了资源浪费。由于缺乏科学的规划，基础设施建设工程质量差强人意。

（2）产业基础设施建设缺少资金支持

一二三产业融合发展需要真金白银的硬投入。虽然我国固定资产投资总额逐年增长，但城乡固定资产投资差距较大。以2014年为例，我国城镇固定资产投资1.099万亿元，农村固定资产投资0.067万亿元，仅占其6.1%。固定资产投资不足就难以形成一二三产业融合发展所需的物流网、能源网、信息网，这是束缚产业融合发展的最主要因素。

近年来，我国为促进农村一二三产业融合发展，鼓励发起各行业对农业农村的投资。根据历年《中国统计年鉴》数据可以看出，近年来社会固定投资逐渐向农业倾斜，农业固定投资增长率高；但从绝对值来看，第一产业社会固定投资比重远远低于第二产业和第三产业。社会固定投资反映出一定时期产业的再生产能力，农业固定投资基数低，新技术引进能力差，农民收入相对低，先进人才也就难以进入农村，导致农村农业发展动力和行业竞争力注定远低于其他产业。

4. 融合发展型人才和新技术短缺

技术要素助力农村一二三产业融合发展，有赖于人才支撑。目前我国农村人才存量少、质量低。相对于安土重迁的老年人，年轻人为了获得更好的发展机会，选择去大城市就业；接受过高等教育的农民子弟也多选择跟随城镇化的脚步留在大城市。因此，农村劳动力结构不合理，年龄偏大、学习和接受新知识能力差，教育程度偏低的占比很高。2015年，我国共培训农业技术人员123万人次，对农业技术人员的培训远低于工业、建筑业的人才培训数量。人才培养和供给跟不上农村一二三产业融合发展的步伐，势必会导致技术要素"向农力"不足。加之农业经营承受自然条件和市场环境双重风险，农业生产回报周期较长，相对回报率低，以及大部分农民唯经验论，进一步造成先进技术要素缺乏向"农"渗透过程缓慢且不深入，技术要素对产业融合发展助力受限。

从技术创新角度来看，2017年我国农业加工发明各项指标偏低，人员、经费、项目数、专利申请数和有效专利数占比依次为14.36%、13.09%、16.01%、12.11%和8.17%。从《2018年中国统计年鉴》数据中可以看出，整个农业行业创新不足，无论是经费还是人员投入，相对于二三产业占比都很小，而且有效发明专利占全国有效发明专利比重更小，说明农业科技投入的转化率不高。这种情况下，具有逐利性质的资本则会流向其他行业，农业可能面临未来发展动力不足的情况。

5. 利益联结机制不完善

农村一二三产业融合发展有赖于各利益主体间通过利益分配机制和合作发展机制组成经济同盟体。促进一二三产业融合，加强三次产业间的深度渗透，关键是建立融合中各类经营主体间的联结机制。在我国农村一二三产业融合实践中，产业融合利益联结机制不完善存在两方面的因素。一方面，引进企业与当地农户不匹配。在乡村振兴战略大力实施下，各部门积极发展农村经济，导致许多地方在招商引资的时候，给予企业更多政策优惠，再加上大企业本身强于农户的资源调动能力和谈判能力，在产业融合过程中，农村和农民大部分时候处于被动位置，农户对参与融合的预期不稳定，进而影响农户的参与度。另一方面，利益联结机制不仅是简单地在经营主体之间分配利润，而且涉及参与融合的不同经营主体间分工协作、取长补短等方面的联结，实践操作中欠缺考虑，甚至很多实力强的经营主体，对农户和其他本地经营主体不起带动作用，或者是一味地占用农村资源，享受农业政策扶持。

6. 农业生产性服务业需求供给两端乏力

农业生产性服务功能单一的深层原因集中在需求和供给两个维度。

从需求端来说，自1978年实行家庭联产承包责任制以来，除国有农场外，农业经营呈现以家庭经营为主的小规模零散经营格局，围绕农业的生产性服务需求单一。早期从事农业经营的主要目的是获得粮食，家庭经营所需的农业服务仅体现在作物种植前期，集中在农药、化肥、种子等生产资料的购买以及翻耕土地和收割，尚未形成对信息服务、生产技术服务、农业废弃物资源化利用服务、初加工环节服务和营销服务的有效需求。进入2000年，我国城镇化进入快速发展阶段，大量农村劳动力进城务工，由此也形成了独具中国特色的农民工群体。为有效解决土地抛荒和粮食生产问题，我国开始推行农业规模经营。随着实践的开展，新型农业经营主体开始涌现，通过土地流转实现了在经营土地数量上的规模经营。

从供给端来说，随着单一主体经营面积的扩大，除对生产资料供给服务、生产技术服务、农业农机作业与维修服务的需求增大外，开始产生对信息服务农业废弃物资源化利用服务、初加工环节服务和营销服务的需求。我国农业生产性服务起步晚，面对需求的反应能力和供给能力不足，尤其对新兴农业生产性服务的供给乏力。新兴的信息服务、农业废弃物资源化利用服务、初加工环节服务和营销服务内容更加复杂，与一般农业服务相比，需要更多人才、资金和技术的投入，这类服务供给有赖于人才和创新，人力、资金等成本高，实现有效供给难度大。

第八章　我国农村产业融合发展策略分析

第一节　延长产业链条，促进产业间深度融合

一、通过延长产业链，释放剩余劳动力

随着科学技术的不断提高，现代化科技慢慢地代替了手工生产化后，由于企业之间的相互作用和联系，构成了产业链。在农村产业融合中，从狭义的角度分析，产业链是指农业通过与二三产业相融合，进而形成一种新的运作模式，并且从构图上显示呈链状，实际表现是实现价值最大化的一种发展农业的渠道。产业链的发展可以形成叠加效应，产生倍增的结果。在发展农村一二三产业融合的进程中，产业链的延长就体现在农产品的种植、生产、加工、销售等环节，保证现代农业发展不再受到传统农业的局限，而是利用科学技术减少了其固有的限制，释放大量剩余劳动力。劳动力不仅是产业融合的基本要素投入，还是生产要素投入过程中发挥作用的主要载体，在融合过程中起到的是主导作用。农村一二三产业融合发展可以从两个角度考虑：第一，提供更多的就业岗位。创造了很多就业岗位，吸纳了剩余劳动力，同时提高了农村居民的收入；产业融合使得农村出现规模性经营，使得与农业相关的各项社会性活动都更加完善，能够充分利用好现有的自然资源、社会资源，演化出更多产业，缓解农村剩余劳动力的就业压力，推动劳动力向城市转移，加快乡村城镇化，进而提高农民收入。第二，农村劳动力可以更加完美地与产业相融合，释放更多劳动力。比如在农业生产的前、中、后等过程，将相关步骤汇合起来，构建出新的合理的机构形式和利益机制，将农村中相关的生产经营各个环节连接

起来，加快收益最大化的进程，释放出更多劳动力。

二、通过分工协作、互补优势，实现互惠共赢

农村一二三产业融合发展使农业建设融入科学技术，传统农业变为现代农业、科技农业，随着经济社会的快速发展，我国农村由传统的自给自足手工农业变为分工协作的产业对接形势。农业建设以农业合作社、龙头企业、新型经营主体为主的跨越各个区域的供产销产业化链条，均匀地分布在生产的前期、加工、流通、销售等各个环节中，形成了良好的"对接"机制，加快了农业发展走向农产品规模化的速度。

第二节　推进农村数字化建设

现代农业生产性服务业与农业融合水平较低，是我国农村一二三产业融合发展的最大短板。推动我国农村一二三产业融合发展，必须拓展现代农业生产性服务业发展范围，突出现代农业生产性服务业在农村一二三产业融合发展中"画龙点睛"的作用，构建支撑农业全产业链现代化的服务体系。现代经济中，数据和信息要素具有强融合性，结合我国当前数字产业蓬勃发展的机遇与优势，提升农业全产业链服务水平的关键在于运用万物互联的数字化技术，发挥数字平台对农业发展的虚拟"集聚效应"，推动现代农业生产性服务业深度融入现代农业全产业链，促进"生产—加工—销售—消费"协同一体。

第一，加快农业物联网支撑的农业生产体系建设。在农业感知数据标准、农业信息处理以及农业智能决策等共性关键技术领域，加大研发投入；政企联合制订农业物联网应用和普及标准；推动农业物联网应用公共支撑平台建设，构建农业区域信息化网络，建立一种供需方能够快速反应、对接的机制；将现有农业生产技术进行数字化升级，持续开展农村资源分类监测，农业耕、种、防、收精细化作业，远程控制以及数据处理等

经技术系统集成和产业化技术应用；完善农村农产品质检服务与溯源服务体系，从生产环节开始对全产业链农产品质量进行安全监控、检测，从源头杜绝有质量问题的农产品进入后续产业链环节，消除当前国内消费者对本国农产品的"信任危机"。

第二，积极发展农村电子商务平台，推进智慧物流下乡。发展农村视频直播营销、食品短链等新商业模式和F2F、O2O直销模式，拓展农产品市场范围，提高农产品流通的效率。农业生产物资供应和农产品输出依赖于物流系统的不停运行。在发展电子商品平台线上交易的同时，必须重视农村智慧物流体系建设。结合农产品易损、易腐的生鲜特征，智慧物流下乡的重点是在提高农村物流覆盖面和智能化水平，构建以冷库为重点的现代农产品冷链体系，以信息共享助推物流配送、动态仓储、信息整合等一体化集成管理。鼓励在新一轮的区域性综合农贸服务中心建设中，注重区域性综合农贸服务中心和电商平台联动发展，高标准建设现代化的农村农贸集散中心，促进电商平台与实体流通充分统筹。

第三，以数字化技术为媒介，强化农业全产业链的金融服务，缓解小农户和融合主体资金需求与较弱的融资能力之间的矛盾。互联网金融为破解农村金融支撑农村产业融合发展提供了新思路。互联网平台利用农业产业链经营过程中逐渐积累起来的大量碎片化数据，通过挖掘、计算、分析，形成与信贷相关的信息库，进而精准选取长期看来有还贷能力的融合主体，并精准提供信贷方案。因此，要提升数字技术普惠水平，鼓励地方金融机构、互联网平台企业、龙头企业、家庭农场、合作社以及小农户之间构建合作机制，建立新型资信体系和信贷担保体系、信贷服务体系，不断推动农业全产业链的金融服务创新。

第四，完善农业新技术推广互联网服务体系，引导农民、合作社等农业生产经营者从互联网信息服务平台获得种植、防治在内的技术服务和技术支持。定期在线培训，建设高质量的农业技术推广队伍，培育掌握先进技术的农民技术员和技术型企业家；分层次、分领域组建农业专家服务团队，在线解决农业品种、种植、农机、加工、物联网、市场营销等全产业链各个环节上的技术难题和管理问题。

第三节　推进农村人才培训工程建设

针对产业融合主体综合素质总体不高的问题，应加大教育培训力度，加快培养适合农村产业融合发展的经营主体。由于在农业农村经济的发展中，新型农民起着至关重要的作用。因此，政府要重点扶持涉农培训教育系统。支持鼓励举办各类农民培训班，既要培养一批接受系统教育的农业技术综合性人才，也要使潜在未来的农场主、农村各种专业技术人才及企业家接受涉农基本知识的系统教育，提高综合素质水准。

一是应大力推行高等院校、科研院所等尽可能地与农村产业融合主体实现有机结合，建立大中专院校、农业科研单位联合培养培训机制。培训内容重点为先进的生产技术知识、科学理念及生产管理中遇到的困难，力求贴近实际、务求实效，新型产业经营主体的技术吸收、应用能力和管理水平得以提高。二是充分利用电视、广播、互联网等媒体，使他们从不同的方面不断地接收新的科学技术及经营管理知识。三是针对不同的经营主体又可采取有针对性的措施。对于专业大户及家庭农场，可在农村设立项目科研示范区，面对面地对农民进行知识疏导；对于农民合作社而言，队伍建设的重点是加强对合作社经营管理人才培训，有条件的可选送一批农民专业合作社带头人到专业院校进行学历教育和技能培训，尤其是加强经营管理、专业技术和市场营销等技能培训，提高合作社经营管理水平。在培训学习的基础上，建立健全农民合作社规章制度，使其规范运行；对于农产品加工龙头企业而言，在新形势下，单纯的技术培训显然不能满足市场的需求，因此，在教育培训过程中，要加强企业经营管理、成本控制、市场营销等有关农业企业经营管理知识的培训，从而能够更好地了解市场，参与到市场竞争中去。还应强化研发力度，培育壮大一批科技含量高、市场竞争力强的农产品加工业大型领军企业。总之，通过培训学习，提高农村产业融合主体的综合素质，使其适应农村三次产业融合发展的需要。

第四节　推进龙头企业规模化集约化发展

我国要因地制宜，发挥资源优势，助推优势产业发展。一是重点打造优质水稻产业、中部地区玉米和以肉牛、生猪、肉鸡为主的畜牧产业。首先要充分发挥粮食生产优势，提高粮食的转化能力及生产效益。改变农业种植结构，稳定现有水稻带、玉米带，保护粮食综合生产能力。调整我国玉米种植品种结构，减少种植通用型玉米，适度种植专用型玉米。稳定水稻种植面积，打造我国大米品牌。其次是根据市场消费需求变化，调整畜牧业中的畜禽品种结构，大力发展精品畜牧业；利用我国玉米资源丰富的优势，发展以玉米饲料为主的精品畜牧业，将粮食过腹转化和秸秆综合利用确定为重点，把种植业和畜牧业相结合，发展肉牛和肉羊产业，将我国打造成我国精品畜产品主产区，加快产粮大省向畜牧大省转变步伐。同时，加快发展规模饲养业，建设高标准畜禽商品生产基地。在大力发展优质高效粮食生产和畜牧业的同时，要大力建设高标准农产品生产加工基地。二是充分发挥东部地区的资源优势，发展特色产业经济。以"宜粮则粮、宜特则特、宜林则林"为策略，积极打造特色农产品品牌，推进地理标志农产品建设。三是根据西部地区资源享赋特点，鼓励发展杂粮、杂豆等高效经济作物及草原红牛、肉羊等畜禽型产业。

同时，积极引导加工、物流、储运设施建设向优势产业集聚，优化生产要素在空间和产业的配置，形成专业化、区域化、规模化的格局。在确保完成国家粮食安全任务和提供食物原料的同时，充分挖掘农业的多种功能，大力发展休闲旅游业、创意农业等新兴业态。

加快我国农产品加工业由初加工向精深加工的转变，推动产业升级，应重点解决三个问题：一是要通过有效的产业支持政策及技术开发政策，推动农产品加工业的科技进步和转型升级。当前，应充分发挥科研保障机制的作用，加大科学技术投入，建设农产品产业研发中心，推进农产品加工业产业体系的建立。生产无公害产品、绿色及多种功能食品，瞄准国际农产品加工业高新技术发展前沿，从生产工艺入手，重点依托现代食品加工业高新技术开发。同时，利用高新技术，研究开发畜肉、畜乳、禽蛋等新产品，着力研制特色型、功能型的畜产食品，引进与国际接轨的产品标准与检验规范，进入高端国际市场，提升产品附加值和市场竞争力。

二是做强具有区域特色的农产品加工业产业集群，形成纵向延伸成链、横向积聚成群的集群发展格局。利用国家对粮食主产区发展粮食加工业的扶持政策，重点建设农产品加工园，采取有效的产业政策创建优质的市场环境，培育和壮大一批市场竞争力强、科技水平高的大型龙头企业。建设区域特色鲜明、资源配置合理、辐射带动能力强的农产品加工业产业集群。

三是做优产品品牌。通过资源整合、政策倾斜和企业技术改造，加快培育一批名牌产品。在品牌的引导和凝聚下，形成品牌主导产业与产业提升品牌的良性循环，实现从资源优势、产品优势向产业优势的跨越。

第五节　做大农业服务业

一是积极培育"龙头"型服务企业。具体讲，就是要整合市场，治理服务业经营主体过小、过乱等现象，培育具有较大规模和较强竞争力的"龙头"型企业。"龙头"型服务企业主要是产前为农业生产提供生产资料及技术服务、产中提供机械化服务、产后为粮食等大宗农产品提供收储流通等服务。因此，需要积极发展农业生产服务型专业大户或农民合作社，支持农业生产资料制造企业向农村开展产品销售及其延伸服务。只有培育"龙头"型服务企业，才有利于提高市场信誉，建立农产品质量追溯体系和提升服务质量。

二是打造适合农村产业融合发展需要的公共服务平台。其一，建立农村综合性信息化服务平台。着力解决农业移动互联网应用、农业物联网、电子商务、品控追溯、休闲旅游等全程信息化问题；其二，要搭建技术创新平台。我国应重点扶持农业科研院所为主体的农业科研机构群体，并根据经济区划及农业发展的需要，逐步发展构建地方特色突出和区位优势明显的农业研究中心。在加强优化、整合农业科技资源的基础上，强化自主创新能力的建设。以我国优势农业产业链为服务对象，加大自主创新的力度，大力实施科技对农副产品精深加工方面的创新工程，进而破解产业链中的技术难题，推进农业与农村相关产业融合发展；其三，建设农产品公共营销平台。通过公益性农副产品批发市场、展销会等提供价格信息、品牌培育、经济交易等营销服务；其四，搭建农村产权评估交易平台。对农业设施所有权、农村土地经营权、林权、农业设施所有权、集体建设用地使用权等提供资产评估、信息发布、交易服务；其五，强化公共服务平台能力建设。可采取政府购买、无偿资助、业务奖励等形式，鼓励公共科研机构、行业协会、专业性服务机构、龙头企业提供公共服务，建立合作的协调服务机制。加强服务人员业务培训，及时更新服务设备设施，开展共享与租用技术、信息、设备服务，扩大公共服务的覆盖面和受益面。制订产业融合公共服务质量标准，健全公共服务质量保障制度，建立公共服务平台品牌形象。

三是鼓励发展农村经营性与互助性服务。就经营性服务而言，要充分发挥市场作用，发展农村商业服务。首先，发展农村现代流通服务市场。依托供销合作社和商务部门的"新网工程""万村千乡市场工程"，建设一批设施先进、功能完善、交易规范的农产品批发市场和乡村物流配送中心、连锁超市、综合服务社和各类专业交易市场，畅通"工业品下乡、农产品进城"的双向流通渠道。其次，发展多元化农村市场主体。支持供销合作社、农民专业合作社、专业服务公司、龙头企业等提供多种形式的生产经营服务。就互助性服务而言，积极培植农村各种专业合作组织，发展农村生产经营互助、资金融通互助。培育壮大一批以龙头企业为主导的专业合作组织，以"协会+实体""公司+基地+农户"等模式，实行订单作业，从生产到销售形成产业链，同时要扶优专业大户和村级组织领办专业合作组织。对种养、经销大户联合举办或村级组织牵头创办的专业合作组织，通过业务指导、人才培训、利益协调、资金扶持等措施，使其健康发展。

第六节　推进农村分配制度改革

推广农业股份合作型利益联盟。股份合作的发展，农民不仅可以盘活资源、资产，还能将其优化配置，共同参与农村三次产业的融合发展。因此，我国应推广股份合作发展。一是在实践中农民可将劳务、土地、资金等资产入股企业，企业也可将技术、资金、品牌等入股农民合作组织。与订单农业相比，这种利益联结会形成更为紧密的股份（合作）型利益联盟机制，推进农户与企业之间风险共担、合作共赢，同时，农民利用手中的股权通过再次分配，可获得更加可靠的利润收入，形成利益共同体。企业也可推行多种分配方式，如"保底收益+按股分红""按股分红+务工收入""按资分红+二次返利""资产入股""产值分成"等，通过加工、销售环节的收益逐步增加农民收入。从长远看，这种方式可以稳定农民的收入预期，持续增收。二是我国应根据各地实际，有效地引导农民在不改变土地承包权的前提下，将土地承包经营权转化为股权，并统一流转给现代农业园区或入股农业产业化龙头企业、农民合作社等，按照量化股份获取分红收益。在实践中，组织农民出资入股，建立股份合作社，股份合作社再与农村二三产业融合，作为源头产业的组织，可直接获得经营农业下游产品的收益。此外，我国在农村产业融合中，要鼓励工商企业（资本）进入农产品深加工、现代储运、品牌打造与营销等适宜的涉农领域。提高产品附加值，提升农业产业化经营的广度和深度。更重要的是，工商企业与农民要建立利益共同体和共赢机制，使产业链增值收益可更多地留在产地、留给农民。

第九章 我国数字普惠金融推进乡村产业振兴发展对策

第一节 乡村振兴战略对农村一二三产业融合发展的启示

乡村振兴战略对农业农村建设的指导意义尤为重要，在乡村振兴战略指导下，农村一二三产业融合中要做到"三个坚持"，处理好"两个关系"。

一、坚持党对农业农村农民的领导

一是近年来，在党的领导下，国家大力实施扶贫政策，给予农村农民农业极大的关注度和生产、创业、投资方面的优惠和扶持，使我国农业经济飞速发展，对全国GDP的拉力与日俱增，农业综合生产能力实现质的飞跃，机械化、专业化生产正在我国农村逐步逐项推进。二是我国农村制度建设积弊沉病的问题得到了极大改善。农村各类所有制经济体系建立雏形诞生，农产品收储和价格形成机制改革不断得到深化，农村社会治理体系、基层组织制度等制度都更加完善。未来的一年是农村改革和建设的关键期，也将会面临来自国内外市场竞争力、国内产业融合升级等更多的挑战和任务，必须紧跟党的步伐，严格按照党的顶层设计，因地制宜，发挥农民参与生产的积极性，严格实施各层级领导负责制，逐项完成农村"四梁八柱"的搭建。

二、坚持农业农村发展的基础地位不可动摇

乡村振兴要求农村一二三产业融合要走共同富裕之路。到2018年，我国农村贫困率相较2013扶贫工作起点下降了7个百分点，贫困率达到3.1%，农村贫困人口生活状况得到极大改善。到2020年，我国脱贫攻坚战进入决战之际，要继续坚持"五级书记管五级"的工作方法、"六个精准"的工作策略，始终把让农民共享乡村振兴成果、增加农民收入列入工作重点。

乡村振兴要求农村一二三产业融合要走质量兴农之路。农业经济发展进入新时代，供给侧结构性改革成为农业生产的一个重要目标，农业的主要矛盾表现为农业结构性供求失衡。因此，我国农业生产必须由一味地埋头生产转变为注重生产高质量产品。目前我国农业发展速度放缓，2004年往后十年，我国农业增加值平均每年增长4.5个百分点，但到2016年，农业增加值增长速率降到3.3个百分点，主要是因为原先拉动经济增长的"三驾马车"在如今新形势下需要改革升级，农业发展必须进行供给侧结构性改革，转向集约型高质量农业发展模式。

2019年，国家再次强调农业关键技术的攻克，重视创新驱动发展，促进生物科技在农业方面的运用，打造国家重点农业实验室，建立农村一二三产业融合示范园区、产学研创新平台等，打造模范典型，总结优秀经验，并向全国推广复制。

三、坚持完善城乡融合发展的体制机制建设

发展农业农村必须打破城乡二元结构，让一切创造财富的生产要素活起来，"人财物"在城乡之间自由流动。首先，重视人才的培育。防止城镇化过程中农村人才和年轻劳动力的过度流失，要让农村的产业吸引人、留住人，大力培养农村建设专用人才和自留人才，让"农民"真正成为有技术含量的职业称呼。其次，乡村振兴建设更需要资本的投入，加快建设农村一二三产业融合发展金融支持政策、财政优先保障政策，社会工商资本积极参与投资，形成乡村建设融资多元化局面，确保乡村产业融合发展

中投入力度不断增强，更多的资本要素涌入农村，支持农业发展。最后，让城镇化外部效应辐射农村，带动农村的基础设施建设，更多的技术向农村渗透，交通网点、宽带网点等达到百分百覆盖。

四、衔接好小农户与大农业发展间的关系

小农生产在我国依旧保持强大的生命力，小规模经营依旧是我国农村生产的主要形式，是推进农业产业融合、保证国家粮食安全、传承乡风文明等的重要成员，小农户生产率的提高对于农村一二三产业融合水平至关重要。然而，农村一二三产业融合发展不能只在扩大规模、扶持大经营体、机械化投入等发展行为上苦下功夫，还要关注社会公平，资金、项目要公平、公开地在小农户和大经营主体之间合理分配。

在农村一二三产业融合的产前、产中与产后，农业社会化服务都需要紧紧围绕整个过程，各级政府在财政扶持小农户时要注重社会化服务的支持。让小农户共享现代农业发展的福利，成为现代农业发展的参与者，避免被挤出，利益受到侵害。目前我国小农户和新型农业经营主体之间依旧存在利益冲突和生产矛盾，各级政府在规划农户联结方式时，因地制宜地创新联结方式，围绕产前、产中、产后各个环节开展多样化合作，并且注重发挥集体经济在其中的统筹作用。

五、统筹"绿水青山"和"金山银山"的关系

乡村振兴的最终理想状态就是"黄金屋"周围环绕着"绿水青山"和"金山银山"。

"黄金屋"指的是我国农村特有的乡村文化，是祖祖辈辈农民在土地上辛勤耕作的信仰所在，是文化软实力的重要组成部分。保护和发展我们的农耕文明是文化自觉自信的必要行动。一方面，对于农村地区文化遗产进行全面保护。选调一批专业人士深入农村发掘、普查未被列入保护名单的建筑、民艺等，适当进行文化申遗，结合社会资本的力量给予这些流

落民间的珍贵文化财产以保护和建设管理。另一方面，对农村优秀文化进行宣传展示。如一些民间艺术、祖传家训、乡风民俗等，以实物展览、文化解读、传统艺术表演等形式向人民展示农村传统文化的鲜活性。在开发农村传统文化的同时，更需要注意对文化遗产的保护和合理阐释。发现文化遗产的价值，创新文化产品，拓展文化产品的推荐渠道。让文化与民共享，推进社会主义文化建设。

"绿水青山"是指在全面大力发展城镇化建设和农村一二三产业融合发展的同时，加强生态环境的治理和保护。各级政府应加强农村污染的治理以及对生态环境的保护，统筹推进生态"六系统"的治理，尊重自然发展规律，多元化方式宣传"绿水青山"和"金山银山"的密切关系，促进农业绿色化、生态化生产。

第二节　农村一二三产业融合发展对策

我国农村一二三产业融合发展从实践整体来说取得了一定成绩。农民收入渠道拓宽，农村和农业发展渐入佳境。乡村振兴战略实施以来，各地相继展开生动实践，在产业融合发展方面积累了一定经验。尤其是一些示范园、示范区的实践，为农村一二三产业融合发展提供了宝贵的经验借鉴。但不可否认，我国农村一二三产业融合发展仍然困难重重，需要秉承摸着石头过河的态度逐步予以解决。乡村振兴不仅给农村一二三产业融合发展带来了机遇，也对农村一二三产业融合发展提出了更高的要求。基于此，本节紧扣现阶段发展问题和成因，结合乡村振兴战略的重要启示和目标，尝试提出具有针对性和可行性的对策建议。

一、延展农村一二三产业融合发展链条

1. 拓展农产品产业链的长度和宽度

第一，延伸农产品产业链的长度。目前我国农产品原料的利用率低，满

足不了人民日益增长的物质需求，农产品需要加大加工研发力度。一方面，严格把关农产品种子选育和原料种植，保证农业初级产品的高质量。另一方面，设置专门农产品研发中心，对农产品的深加工进行创新性研究，实现农产品加工从原料到初级产品再到高含技术含量产品的顺畅表达，让农产品的产业链延伸至一二三产业各个环节，满足接触农产品各个企业的利益需求。

第二，拓展农产品产业链的宽度。积极发挥每条产业链在农产品种产销过程中的作用。例如，在农产品选育和种植过程中，推广先进农业生产技术的运用，如农业生物过程、有机化肥等，促进农业产前生产和研发企业的发展。此外，政府积极引导农产品市场化、联网化，建立农产品交易公共平台，打通线上线下交易，降低交易成本，拓宽农产品交易渠道。

2. 整合产业链

促进农产品龙头企业的产业集聚，发挥集聚效应。整合农产品生产要素，增强龙头企业品牌背书，用龙头企业的资本和信誉助力第一产业发展，第一产业反馈加工企业以高品质的生产原料，最终借由第三产业高品质的服务搭建产品销售平台，实现产品和客户的零距离链接。此外，地方政府要大力支持产业融合示范园的建立，形成产业融合的同盟体，不断挖掘农业多种功能，促进农产品与当地民俗文化、休闲旅游等新兴农业产业链相契合。

二、提升农村一二三产业融合发展主体质量

1. 传授经营主体科学管理理念

目前我国新型经营主体内部管理方式不得当，导致很多农业企业内部管理混乱。在经营主体创立初期，相关部门积极搭建与高校或者科研机构合作的平台。在经营过程中，与农业企业的管理人员帮扶结对，给企业管理制度提出科学合理的建议，帮助经营主体管理人员学习具体管理制度实施方法，解答具体实施中出现的疑问，同时根据经营主体发展状况不断帮助其改良管理制度。

2. 政府加大对农业经营主体的扶持力度

政府在给予新型农业主体政策优惠时，要本着公平的原则，避免对大企业过度支持，防止在生产要素分配上出现挤占小企业资源的现象。政府可积极搭建公共服务平台，减少新型经营主体在生产中的阻碍。

三、科学管理产业基础设施

1. 加强建前规划

现阶段，我国基础设施建设的实施和监督职责都由政府承担，囿于基础设施建设的复杂性，政府很难腾出足够精力进行科学规划和严格监督。基础设施的选址、施工等问题往往都是政府一把抓，这就要求政府必须做到规划先行。参照土地利用规划，做好基础设施建设的短、中、长期规划。综合考虑不同时间尺度，充分吸收规划区百姓的合理建议，形成科学实用的基础设施规划。

2. 提升监督质量

农村一二三产业融合发展的基础设施监督至关重要，要加大施工监督力度，健全基础设施建设验收制度。具体如下：第一，开辟畅通的监督信息渠道，让老百姓的声音能传达到监督者的耳朵里。第二，基础设施的工程施工要责任到人，品质问题追究无限责任。第三，踏实践行第三方验收制度，基础设施建设完工后邀请第三方进行验收，第三方对验收结果承担无限责任，验收不合格的要加大惩罚力度。

四、拓宽产业基础设施建设资金渠道

动员多主体参与，拓宽资金渠道。目前的基础设施建设重点依赖各级政府的财政拨款，资金来源渠道单一，导致基础设施供给不足、低质供给严重，因此需要丰富投资渠道，动员社会资本，积极投身基础设施建设。纯公益类基础设施由政府进行投入，其他项目如垃圾、污水处理等，鉴于其可以带来直接收益，政府可抽身出来动员社会资本承担此类项目。通过创新以奖代补、税费减免等多元补贴方式动员企业参与。积极采用PPP模式，吸引社会资金参与基础设施建设，补充资金库。与此同时，银行要主动加大基础设施信贷力度，主动承担社会责任，创新金融服务，提供多种金融支持方案。可行的路径是银行可向政府申请以收费权等作为担保，增加授信方式和渠道，创新贷款业务。

五、提高技术要素供给水平

1. 重视科技要素在农业产业融合中发挥的重要作用

第一，要加大技术要素促进生产力重要性的宣传，让农户和农业生产经营主体认识到技术的重要性，愿意输出资本，引进技术支持发展。第二，要促进农业高校的研究成果资本化，缩短研究成果投入农业实用周期。利用互联网技术搭建专门的成果转化平台，配备专门的实施顾问，实现新技术的研发、引进、投入使用和后续更新的全流程服务。第三，政府要发挥社会各界的力量，按投入资本比重向工商企业分享技术运用收获的经济效益，吸引工商资本投入农业新科技的研发。

2. 提高农业生产人员中知识型人才的比重

当前农村常住人口结构失衡，而农村一二三产业融合是走现代化生产路线，很多农业新知识逐渐投入农业生产，进行生产的主角知识结构和学习能力与现代化生产难以匹配。首先，在农村创办新农民培训学习基地，实行学习积分制，积分与利益分红挂钩，激励农民主动学习新知识、新技能；专门设立大学生返乡创业支持基金，给予新型农民创业支持；充分发挥涉农院校的社会作用，切实落实好高校"三下乡"活动，将农业知识输出给农民列为活动项目，同时，农业产业为院校师生提供实训基地，双向互利，稳定帮扶关系。其次，重视农村教育体系搭建。教育资源在城乡间公平分配，配套乡村教育基础设施，探索建立农村十二年制义务教育试点，重视农村学前教育；继续实施"三扶一支"等农村教师队伍建设，给予乡村教师经济和生活扶持。

六、创新完善利益联结机制

1. 稳定小农户和新型经营主体之间的关系

小农户规模小，在经营生产中话语权低。在培育和发展新型经营主体时，要统筹兼顾小农户和经营主体，既要发挥规模经营的带动作用，也要把增强小农户集约经营放在重点位置。建议设置专门监督机制，搭建小农户话语平台，对于资金项目过于倾向大的经营主体现象，及时进行举报和纠正。在农村"四梁八柱"框架搭建的时候，坚持小农户经营的基础性地位。各部门统一思想，不仅要对小农户给予政策优惠，也要给予生产技术和管理技术方面的支持。

2. 注重新型农业经营主体的带动作用

首先，农村一二三产业融合在招商引资时，要因地制宜地引进符合当地发展风向的龙头企业，充分发挥当地的农业资源优势，与引进企业无缝契合，推动小农户在农村一二三产业融合中实现与不同产业、不同区域的合作。其次，发展多元化利益分享模式，创新发展农户自建合作社模式，完善订单制的合同价格形成机制、股份制的利益返还机制，建立科学的股份组织形式，促进股份合作制的运用，制订股份合作制实施具体办法，降低实施难度。再次，企业设立专门财务账簿，将政府扶持资金专项专用，合理返还小农户。最后，完善农村经营主体登记制度，明确各级负责部门对经营主体的责任制，建立由农户和企业带头人组成的农村一二三产业融合相互监督部门。

七、搭建村镇农业生产性服务平台

随着乡村振兴的持续推进，农村一二三产业融合发展中对农业生产性服务的需求会逐渐显现，未来市场体量巨大。农业生产性服务业的定位是服务第一产业，促进第一产业发展，既是重要的第三产业组成部分，又是串联一二三产业的组织针线。为了促进农村一二三产业融合的高质量发展，有必要高起点搭建村镇农业生产性服务平台。

在组织上，由县级党委牵头，村镇级党委承担具体筹备组建工作，整合既有资源，充分吸纳社会资本和高校科研人才力量，共同组建农业服务组织。在智力支持上，要加强与地方高校的合作力度和深度，鼓励农业服务领域的高校教师兼职或创业，构建农林类院校与村镇农业生产性服务组织的对接帮扶机制，允许高校占股参与组建农业服务组织，实现智力资源在高校和服务组织间的快速对接流通。在资金上，积极吸纳社会资本参与，在现有的农业补贴中单立一个补贴农业生产服务补贴，鼓励支持农业生产性服务组织的创建。为了保证服务组织的高质量，建议在县域内组建多支队伍，引导进行良性竞争。在科技上，依托高校智力支持推广应用新的生产技术，依托互联网优势，开发农业生产性服务APP以整合线上线下资源，利用大数据精准定位需求，提供服务供给。

对城乡融合的研究最低层面可以降低到县城与乡镇的融合发展。加快县域内城乡融合发展，推进以人为核心的新型城镇化，促进大中小城市和小城镇协调发展。把县域作为城乡融合发展的重要切入点，强化统筹谋划和顶层设计，破除城乡分割的体制弊端，加快打通城乡要素平等交换、双向流动的制度性通道。

八、加大技术和教育投资

数字技术影响城乡融合发展的首要因素就是数字技术的革新。自从大数据、SG区块链等互联网技术的出现和发展，普惠金融展现出蓬勃的发展潜力，不仅可以破除在农村提供金融服务的高成本问题，还可以为农村征信体系的建设提供技术支持。加大数字技术研发投入，推动其向世界顶尖水平靠拢，势在必行。另外，数字普惠金融作为新兴概念，其在农村的传播必然受限于农户的知识水平。加大教育投资，一方面是要银行在给农户办理简单的存贷业务、举行活动或者赶集日时，积极向农户宣传数字金融知识，提高农户接受新知识的能力；另一方面，政府在普及九年义务教育的同时，可以设立专项奖学金，帮助农村家庭学生进行数字技术、金融等方面的专项深造，通过提高人才培养年限来提升教育的边际产出。对技术和教育的投资就是在为数字普惠金融服务体系的建立丰富后续储备，一项改革之所以能继续下去，最重要的原因就是从后方输送到改革前线源源不断的支撑力量，而技术和人才就是在农村大力推广数字普惠金融的中坚力量，可以真正实现可持续发展。

第三节　我国数字普惠金融推进乡村产业振兴发展对策

一、创新适农金融产品和金融服务

在农村最为常见的金融产品是贷款产品，金融服务是存贷业务。这是因为保险、基金、债券、股票等金融产品的销售需要当地金融市场的发展水平较高，其定价体系和征信体系较为完善，使相关金融机构推广产品的成本和风险可控，这是以前农村不能达到的目标。但在未来，数字普惠金融的快速发展会极大地促进农村金融市场的发展，完善各种体系，使得金融机构风险可控、收益可期。这时就需要金融机构开发针对"三农"的个性化金融产品和服务，例如，对于农业种植业，金融机构可以开发集信贷、保险为一体金融产品，在产业创立初期和后续扩张提供资金支持，在经营周期内提供保险服务，这样可以有效地提高农户的创业热情，激发农村市场活力，促进城乡融合发展。

二、重视数字普惠金融对消费的影响机制

我国应该重视消费水平在数字普惠金融影响城乡融合过程中的间接机制，利用数字普惠金融刺激国内需求。数字普惠金融对于农村消费具有很好的推动作用。一方面，数字支付方式的快速革新极大地减少了农户的支付或者收款的成本，农户不再需要去银行网点存取现金，用手机支付软件完成支付和收款业务，减少消费冲动和支付之间的时间差。另一方面，小额信贷资金大量流向农村，使社会上的闲散资金在农村得到有效利用，刺

激农户消费。相关金融机构首先可以在农村推广最新的"扫脸支付",以方便、快捷、新奇的支付方式抢占农村数字支付市场,在形成市场准入壁垒后,就不再担心农村市场份额因新企业进入而造成的减少,同时还可利用使用本机构支付工具的人群发展其他金融业务;其次,发放消费信贷的金融机构应该以农户的主要消费习惯为目标导向,所发放消费信贷的利率、金额、期限都应该符合农户消费水平,以此来提高在农户心中的满意度。

三、加强风险管理

数字普惠金融具有低门槛性、快速传播性、隐蔽性等特征,使得金融机构和客户之间的业务关系更为复杂多变,为消费者带来新的风险,特别是农村客户,其对金融风险的认知和自我防范手段还不成熟,容易落入金融陷阱中,不仅自身利益受损,严重的还会造成整个金融市场的动荡。所以,相关政府部门和金融监管机构在发展数字普惠金融的同时,还应尽快出台完备的法律法规,保护数字普惠金融消费者,特别是"三农"客户的合法权益,更好地发挥数字普惠金融对城乡融合发展的促进作用,避免对城乡融合进程产生不必要的影响。而在加强风险管理的措施中,健全"三农"征信体系至关重要。有关"三农"的各种信息分散在社会的各个组成部分,银行掌握农户贷款信息,政府掌握农户收入信息,互联网公司则大量掌握农户的消费信息,如何有效地整理出其中有用的信息,运用到商业银行发放贷款、保险公司推销保险产业等业务的信用评估过程中,确是一大难题。

四、发挥政府在县域数字普惠金融发展中的作用

政府是普惠金融发展的顶层设计者、助推者以及监管者,在县域数字普惠金融发展过程中扮演着不可替代的"规划者"角色。不同于城市,县域由于人口密度较低、金融素养水较低、不同县域地理环境存在差异等因素,

仅依靠"市场机制"难以形成有效的县域金融服务体系，因此需要政府发挥作用。具体来看，一是应准确把握县域内政府和市场的关系。与城镇不同，县域经济基础相对薄弱，产业结构相对单一，依靠市场力量无法有效发挥金融服务县域经济发展的作用，因此需要政府对数字普惠金融在县域发展进行有效干预。一方面，政府应在给予开展数字金融业务机构一定自主权的基础上，通过给予宽松的发展空间等宏观环境的支持，大力促进市场力量推动数字普惠金融在县域层面的可持续发展与普惠作用的显现。另一方面，在部分偏远、发展程度较缓慢以及少数县域数字普惠金融服务"空白地带"，通过政策引导与合作、财政援助等方式进行有效补充，并在出现市场失灵和金融风险等问题时及时介入、干预和调节，促进县域数字普惠金融均衡发展。二是强化差异化政策协同配合，推进偏远县域互联网等基础设施的建设，加强对农民金融知识的教育和培训力度，改善县域金融发展环境，缓解偏远县域的"数字鸿沟"问题，逐步缩小乡村普惠金融发展差距，切实发挥出数字金融的显著优势。三是实施有效监管，这要求政府和监管机构将县域数字普惠金融活动纳入监管范畴，进行实时、全面的监管。实施实时监管，要求监管机构制定系统的规章制度，规定相关信息上报时间，以确保信息的时效性。对数字普惠金融的全面监管，要求政府应对开展数字普惠金融业务的审批、业务办理流程的合理性等方面进行有效管控，并通过各金融监管部门的定期或不定期交流协作，实现协调监管。对县域数字普惠金融的差别监管，要求政府在制定监督管理体制时应充分考虑到县域即乡村地区经济金融基础以及不同区域的差异性和特殊性，因地制宜地设计监管标准和方案。

五、推动不同县域数字普惠金融的协调发展

重点推动偏远地区乡村，尤其是西北、西南、东北地区中相对偏远乡村的数字普惠金融发展。研究表明，从七大地理区域划分的视角看，我国乡村数字普惠金融的发展既存在区域内的差距，也存在区域间的差距。虽然整体上呈现差异收敛，但收敛速度在减缓，2018年后呈现小幅反弹趋势，农户数字普惠金融使用深度与数字化程度存在发展差异。西北、西

南、东北地区的乡村数字普惠金融发展相对滞后，且内部差异更大。而造成这一现象的主要原因正是我国区域间经济金融基础与资源享赋差异，因此应以互联网为依托，大力推动偏远县域数字金融的普惠化，打破资源享赋禁锢，提高金融信息共享，进一步促进数字普惠金融在县域的协调发展。一是进一步扩大数字普惠金融的范围，促使其向服务薄弱领域不断延伸。移动金融也应作为数字普惠金融发展的重要载体，应充分发挥金融机构推出的手机银行、短信银行等渠道的信息推广作用，宣传、普及数字金融核心服务，尤其是提高信贷、保险等核心数字金融产品的易得性，拓宽偏远县域数字普惠金融服务的深度和广度。二是建立与数字金融相匹配的乡村普惠金融信用体系。基于大数据、云计算、区块链等数字信息技术，推动数字金融机构、政府监管部门、相关用户数据等的互通与有条件的共享，提升县域数字普惠金融服务供给的精准性与低风险性，促进其业务健康发展，在县域地区营造良好的信用环境。三是建立并完善乡村客户的权益保护机制。做好农户群体的信息安全和隐私保护，注重保护客户的合法权益。

六、拓宽县域数字普惠金融服务的深度和数字化程度

研究表明，数字普惠金融服务使用程度维度和数字化程度维度是推动其在县域实现均衡发展的重要发展方向，因此，需要大力推进县域数字普惠金融在这两个维度的发展。首先，创新县域数字金融产品。数字普惠金融发展初期的主要服务群体是城市居民，并未针对县域经济和农民经济活动推出更有针对性的服务。因此，在县域数字普惠金融发展的过程中，一方面，各传统金融机构应积极探索产品和服务与数字技术的结合，以满足数字金融客户的诉求；另一方面，网商银行也应针对不同县域的经济活动特色，推出合适的数字金融产品，以进一步提升数字普惠金融的服务广度与深度。其次，推动县域数字金融服务与数字信息化的深度融合。进一步扩大数字普惠金融的范围，促使金融服务向薄弱环节与领域不断延伸。应加大偏远县域的金融服务网点、终端和网络硬件等基础设施建设，推动数

字金融与医疗、养老、公共基础设施建设等领域充分融合发展，促进数字经济与实体经济进一步融合，让数字金融与生活便民服务深度结合，让农民的数字账户真正"活"起来、用起来。最后，推动传统金融机构和数字技术的深入融合。事实上，农业等生产性贷款更多依赖信用合作社、村镇银行等新型农村金融机构的服务，提升这些金融机构服务和运营的数字化程度，如普及金融机构移动APP，推动如存取款、申请信贷、理财保险等服务的线上办理，与互联网金融机构积极开展合作等途径，促进传统金融服务的数字化改造，进一步提升县域数字金融产业的深度与广度。

七、注重数字普惠金融发展，助力产业结构优化调整

虽然我国存在着地区发展不平衡、产业结构偏离度较高的现状，但通过研究表明，我国数字普惠金融发展能够推动产业结构调整，且我国数字普惠金融发展速度较快，在各省市的发展差别不是特别大，因此，注重我国数字普惠金融的发展，是实现促进产业结构优化调整、带动落后地区经济增长、改善地区发展不均衡的可行途径。

对于我国大力发展数字普惠金融的具体措施，从以下三方面进行阐述。

第一，加大政府部门支持力度，完善相关方面的金融制度。在信用制度建设方面：一是加快个人和企业征信系统建设。可以由中国人民银行牵头，会同金融机构、工商、水电、移动、税务、审计等部门，将能反映个人和企业的信用信息纳入征信系统。二是建立专业化的社会征信机构，其在信用信息搜集整理评估方面更加专业，政府可以给予一定的指导和优惠政策。三是建立信用信息共享机制。将所有信用信息纳入统一系统，供信用信息需求者使用，既能降低数字普惠金融机构开展业务的成本，又能督促借款人珍惜个人信用，按时还款。在监管制度建设方面，一是完善监管法律法规，对于数字普惠金融监管主体，应该明确其权限与职责；对于数字普惠金融机构，明确其资质以及开展业务的范围。二是建立多层次的监管体系，建立由内部控制到行业自律再到政府部门的三层监管体系，提高监管效率和质量。金融制度的建立能够营造良好的金融运行环境，为数字

普惠金融支持企业发展创造条件，从而更好地促进企业成长，推动产业结构调整。

第二，发展新型数字普惠金融机构，推出多样化的金融产品。单一的金融机构体系不可能提供各种各样的金融服务，满足所有方面的金融需求，而数字普惠金融的宗旨在于使社会所有地区、所有人群均享受到金融服务。因此，可以在传统金融机构的基础上，发展新型数字普惠金融机构，使普惠金融机构更加多样化，满足不同的需求。同时，数字普惠金融机构应该根据服务对象的特征，设计相应的理财、保险、信托、租赁等产品，满足不同群体的需求。

第三，加大宣传力度，提高数字普惠金融意识。数字普惠金融发展过程中，很大一部分障碍来自服务对象对数字普惠金融不够了解，意识不到数字普惠金融有利于改善自身的经济发展状况。因此，大力宣传数字普惠金融，加深大众群体对数字普惠金融的认识，有利于数字普惠金融的进一步发展。尤其是在推广数字普惠金融产品时，根据受惠群众的知识水平以及接受能力，有针对性地进行讲解，同时也可以在各地设立示范区，让群众切实感受到数字普惠金融对增加收入、促进社会公平、推动经济发展的作用。

通过相关部门构建良好的金融运行环境，数字普惠金融供给者提供多样化的服务，需求者提高数字普惠金融认识，形成供需相匹配、运行有保证的数字普惠金融发展态势。

八、发挥数字普惠金融在促进资本积累中的作用，推动产业结构调整升级

充分发挥数字普惠金融的数字化特征，高效准确地分析服务对象的特征，设计相应的理财、保险、信托等产品，将社会上的闲散资金聚集起来，形成资本积累。同时，数字普惠金融对缺乏抵押物、无信用记录的初创型企业进行信用分析，将积累的资金进行准确投放，形成由资本形成到使用、到再积累的整个闭环，提高资本利用效率，使资本更好地为生产服务。

九、调动数字普惠金融对技术创新的支持，推动产业结构调整

优化数字普惠金融的资源配置功能，将资源重点投向新兴科技类产业。我国科研机构、高科技企业虽然在不断增加，但是整体数量较少，可以利用数字普惠金融的数字化技术，在分析科技类公司未来的盈利能力、还款能力以及可能面临的风险后，对这类企业做出合理评估，然后进行资金投放与资源倾斜，支持这类企业进行科技创新，提升竞争力，最终实现企业的发展壮大，带动产业结构调整。同时，企业会将一部分利润输送到数字普惠金融机构，二者互利共赢，实现可持续发展。

十、以数字普惠金融促进消费升级，带动相关产业发展

利用数字普惠金融，拓宽投资渠道，增加消费信贷。在投资收入端，数字普惠金融可以设计不同期限、不同回报率的金融投资产品，满足不同群体的需要，增加其财产性收入。在消费信贷端，我国居民消费观念还相对保守和谨慎，加之传统金融机构推出的消费信贷产品有限，消费信贷供给与需求不匹配，通过消费信贷来刺激居民消费的效果并不显著，可以发挥数字普惠金融的优势，根据居民需求，积极创新消费信贷产品，刺激消费需求。数字普惠金融从投资收入端与消费信贷端共同发力，提升居民消费质量，最终拉动产业结构优化调整。

十一、加大政府支出力度，提高政府支出效率

政府干预在很大程度上影响地区经济发展水平。为了促进我国产业结构的优化调整，一方面，加大政府支出力度。在支农的同时，利用本地区丰富的自然资源和人力资源，发展生产效率较高的第二、第三产业；另一方面，鼓励创新。政府应该注重科研创新，可以划分一部分资金用于科研投入以及奖励创新型企业，同时对该类企业实施政策优惠，减免税收。

参考文献

［1］郭峰，王靖一，王芳，孔涛，张勋，程志云．测度中国数字普惠金融发展：指数编制与空间特征［J］．经济学季刊，2020（4）．

［2］粟芳，方蕾．中国农村金融排斥的区域差异：供给不足还是需求不足？——银行、保险和互联网金融的比较分析［J］．管理世界，2016（9）：70-83．

［3］王婧，胡国晖．中国普惠金融的发展评价及影响因素分析［J］．金融论坛，2013（6）：31-36．

［4］李涛，徐翔，孙硕．普惠金融与经济增长［J］．金融研究，2016（4）：1-16．

［5］北京大学互联网金融研究中心课题组．北京大学数字普惠金融指数（2011-2018年），2019（04）．

［6］杜晓山．推进财政金融体制改革促进社会主义新农村建设［J］．中国财政，2006．

［7］刘国强．探索中国特色普惠金融发展之路［J］．中国金融，2017（19）：13-15．

［8］李瑜．我国普惠金融发展水平及影响因素分析［D］．辽宁：东北财经大学，2016．

［9］蒋庆正，李红，刘香甜．农村数字普惠金融发展水平测度及影响因素研究［J］．金融经济研究，2019（4）：123-133．

［10］黄益平，黄卓．中国的数字金融发展：现在与未来［J］．经济学（季刊），2018（4）：1489-1502．

［11］张宇，赵敏．农村普惠金融发展水平与影响因素研究——基于西部六省的实证分析［J］．华东经济管理，2017（3）：77-83．

［12］任森春. 农村普惠金融发展研究［M］. 合肥工业大学出版社，2018.

［13］葛和平，朱卉雯. 中国数字普惠金融的省域差异及影响因素研究［J］. 新金融，2018（02）：47-53.

［14］黄倩，李政，熊德平. 数字普惠金融的减贫效应及其传导机制［J］. 改革，2019（11）：90-101.

［15］郭峰，王瑶佩. 传统金融基础、知识门槛与数字金融下乡［J］. 财经研究，2020（01）：19-33.

［16］赵周华. 发展农村普惠金融与乡村振兴——理论阐释、国际经验与政策建议［J］.

［17］吕超. 陕西省乡村振兴战略的金融支持研究［D］. 西北大学，2019.

［18］蔡松儒. 中国数字普惠金融效率地区差异及成因分析［D］. 外交学院，2022.

［19］曹志英. 数字普惠金融驱动区域创新的空间效应研究［D］. 内蒙古财经大学，2022.

［20］姜中裕. 数字普惠金融促进乡村产业振兴的模式创新与政策研究［D］. 南京信息工程大学，2022.

［21］王倩. 数字普惠金融对我国城镇居民就业的影响研究［D］. 山东大学，2021.

［22］李和靖. 数字普惠金融对家庭金融资产收入影响研究［D］. 山东大学，2021.

［23］杨超. 长三角数字普惠金融发展对农民收入水平的影响研究［D］. 山东大学，2021.

［24］张帅. 数字普惠金融对绿色创新效率的影响研究［D］. 山东大学，2021.

［25］王重实. 我国西部地区数字普惠金融的减贫效应与影响机制研究［D］. 南京大学，2021.

［26］魏军霞. 数字普惠金融对经济高质量发展的影响研究［D］. 兰州大学，2021.

［27］毛小元．川东北农村数字普惠金融发展水平及提升对策研究［D］．西南科技大学，2021.

［28］张磊．数字普惠金融对相对贫困的影响研究［D］．西南科技大学，2021.

［29］于迪．我国数字普惠金融的贫困缓解效应研究［D］．辽宁大学，2021.

［30］张玉蓉．数字普惠金融发展对居民创业的影响研究［D］．郑州大学，2021.

［31］高超．数字普惠金融减贫的门槛效应研究［D］．中国地质大学（北京），2021.

［32］曾昊．甘肃省数字普惠金融发展对城乡收入差距的影响研究［D］．兰州大学，2021.

［33］李秉坤．数字普惠金融对农民融资行为影响研究［D］．兰州大学，2021.

［34］慕京．数字普惠金融对城乡居民收入差距的影响及机制分析［D］．南京财经大学，2021.

［35］穆新杰．数字普惠金融对减贫影响研究［D］．广西大学，2021.

［36］何龙森．数字普惠金融对经济高质量发展的影响研究［D］．重庆工商大学，2021.

［37］韩谷源．数字普惠金融对创业活跃度的影响研究［D］．南京师范大学，2021.

［38］李牧辰．数字普惠金融对城乡收入差距的影响研究［D］．南京师范大学，2021.

［39］陈晨．中国数字普惠金融发展的地区差异分析［D］．西南民族大学，2021.

［40］腾叶．中国数字普惠金融发展对农村居民消费的影响研究［D］．西南民族大学，2021.

［41］彭晨阳．我国数字普惠金融发展对城乡收入差距的影响

［D］．天津财经大学，2021.

　　［42］王洁．数字普惠金融发展对地方性商业银行的影响路径研究
［D］．浙江财经大学，2020.

　　［43］孙硕．数字普惠金融对我国中小企业融资约束的影响研究
［D］．对外经济贸易大学，2020.

　　［44］黄小猛．我国数字普惠金融监管问题研究［D］．中南财经政
法大学，2020.

　　［45］杨俊强．数字普惠金融发展对中国居民家庭金融资产配置的影
响［D］．北京外国语大学，2020.

　　［46］阳坤林．数字普惠金融对家庭金融参与的影响［D］．湘潭大
学，2020.

　　［47］李黎明．数字普惠金融对中国区域经济增长的影响分析
［D］．山东大学，2020.

　　［48］汪晨．中国农村数字普惠金融发展水平及影响因素研究
［D］．湖南农业大学，2020.

　　［49］李文剑．数字普惠金融发展对我国城乡收入差距的影响研究
［D］．西南财经大学，2020.

　　［50］王曦．数字普惠金融环境下小额信贷业务创新研究［D］．湖
南农业大学，2020.

　　［51］陈诗意．数字普惠金融的减贫效应研究［D］．湖南农业大
学，2020.

　　［52］随贺．数字普惠金融的减贫效应分析及对策研究［D］．南昌
大学，2020.

　　［53］孙亚琴．我国数字普惠金融的减贫效应研究［D］．西北师范
大学，2020.

　　［54］张清．数字普惠金融的创新、风险与监管研究［D］．西华大
学，2020.

　　［55］陈书菲．我国数字普惠金融与城乡收入差距研究［D］．苏州
大学，2020.

［56］张雪．数字普惠金融发展对城乡收入差距影响研究［D］．广东财经大学，2020.

［57］李娟．数字普惠金融助力确山县乡村振兴对策研究［D］．河南工业大学，2020.

［58］李栋．政府干预、数字普惠金融与中小企业创新［D］．华中师范大学，2020.

［59］杨瑞．互联网时代我国农村地区数字普惠金融发展路径研究［D］．成都理工大学，2020.

［60］程璇．数字普惠金融发展对家庭创业决策的影响研究［D］．南京农业大学，2020.

［61］李奕潼．数字普惠金融对中国城乡收入差距的影响研究［D］．南京农业大学，2020.

［62］钱梦楚．数字普惠金融的减贫效应研究［D］．西南财经大学，2020.

［63］卢端阳．数字普惠金融对于农村减贫的影响研究［D］．湖南大学，2020.

［64］滕茜．数字普惠金融对地区经济发展的影响研究［D］．湖南大学，2020.

［65］邹可意．数字普惠金融对城乡居民消费差距的影响研究［D］．湖南大学，2020.

［66］刘丽萍．数字普惠金融缩小城乡收入差距的实证研究［D］．华南理工大学，2020.

［67］倪小芸．数字普惠金融对城乡收入差距的影响研究［D］．兰州交通大学，2020.

［68］李新刚．数字普惠金融发展对实体经济投资效率的影响［D］．重庆理工大学，2020.

［69］付昊一．数字技术助力普惠金融发展研究［D］．辽宁大学，2020.

［70］解婉莹．数字普惠金融对城乡收入差距的影响研究［D］．重

庆大学，2020.

〔71〕余松．"数字普惠金融"在小微企业贷款管理中的应用研究〔D〕．中南财经政法大学，2020.

〔72〕胡宏鑫．数字普惠金融发展对贫困减缓的影响研究〔D〕．西南财经大学，2020.

〔73〕查晓芳．数字普惠金融发展对农民收入的影响分析〔D〕．西南财经大学，2020.

〔74〕王文学．中国数字普惠金融发展的减贫效应研究〔D〕．西南财经大学，2020.

〔75〕熊峰．数字普惠金融发展对经济增长的影响研究〔D〕．西南财经大学，2020.

〔76〕赵睿．数字普惠金融对城乡收入差距的影响研究〔D〕．重庆师范大学，2020.

〔77〕邹涛．数字普惠金融背景下中国金融排斥问题的影响因素研究〔D〕．江西财经大学，2019.

〔78〕杨琳．数字普惠金融发展对农户收入的影响〔D〕．西南财经大学，2019.

〔79〕田竞争．我国农村数字普惠金融法律监管研究〔D〕．华中农业大学，2019.

〔80〕李柳颖．我国数字普惠金融对包容性增长的影响研究〔D〕．天津财经大学，2019.

〔81〕李文斐．数字普惠金融发展对缩小城乡收入差距影响的实证研究〔D〕．山东大学，2019.

〔82〕叶金生．我国数字普惠金融与实体经济协同发展研究〔D〕．江西财经大学，2021.

〔83〕孙倩．金融与财政协同对县域多维相对贫困减缓影响的研究〔D〕．西北大学，2021.

〔84〕滕磊．数字普惠金融视角下中小企业融资约束问题研究〔D〕．四川大学，2021.